Traduzidos dos respectivos originais, com introduções e notas explicativas, esta colecção põe o leitor em contacto com textos marcantes da história da filosofia.

Uma Investigação Filosófica Acerca da Origem das Nossas Ideias do Sublime e do Belo

Título original:
A Philosophical Enquiry into the Origin of our Ideas of the Sublime and Beautiful. (1769)

© tradução e notas: Alexandra Abranches, Jaime Becerra da Costa,
Pedro Miguel Martins e Edições 70

Introdução:
© Alexandra Abranches e Edições 70

Tradução e notas:
Alexandra Abranches, Jaime Becerra da Costa e Pedro Miguel Martins

Capa: FBA

Depósito Legal n.º 365107/13

Biblioteca Nacional de Portugal – Catalogação na Publicação

BURKE, Edmund, 1729-1797

Uma investigação filosófica acerca da origem das nossas ideias
do sublime e do belo. – (Textos filosóficos ; 66)
ISBN 978-972-44-1751-6

CDU 111
7.01

Paginação:
MJA

Impressão e acabamento:
PENTAEDRO, LDA
para
EDIÇÕES 70
Fevereiro de 2015

EDIÇÕES 70, uma chancela de Edições Almedina, S.A.
Avenida Fontes Pereira de Melo, 31 – 3.º C – 1050-117 Lisboa / Portugal
e-mail: geral@edicoes70.pt

www.edicoes70.pt

Esta obra está protegida pela lei. Não pode ser reproduzida,
no todo ou em parte, qualquer que seja o modo utilizado,
incluindo fotocópia e xerocópia, sem prévia autorização do Editor.
Qualquer transgressão à lei dos Direitos de Autor será passível
de procedimento judicial.

Edmund Burke
Uma Investigação Filosófica Acerca da Origem das Nossas Ideias do Sublime e do Belo

TRADUÇÃO E NOTAS DE ALEXANDRA ABRANCHES,
JAIME COSTA E PEDRO MARTINS
INTRODUÇÃO DE ALEXANDRA ABRANCHES

Introdução

Edmund Burke (1729-1797), político e escritor britânico, nasce em Dublin, na Irlanda, de mãe católica e pai protestante. Inicia a sua formação no Trinity College, Dublin, em 1744, mudando-se para Londres em 1750 para estudar Direito. Mas abandona a lei pela literatura, primeiro, frequentando o círculo de Samuel Johnson, e pela política, em seguida. Publica anonimamente, em 1756, uma sátira ao deísmo e racionalismo radicais do jurista Bolingbroke, intitulada *A Vindication of Natural Society*. A esta segue-se, em 1757, o texto aqui traduzido, *Uma Investigação Filosófica acerca da Origem das Nossas Ideias do Sublime e do Belo*, que traria a Burke notoriedade não apenas em Inglaterra mas também no continente, junto de figuras como Diderot, Kant e Lessing. A carreira política de Burke começa a consolidar-se com a sua nomeação, em 1765, como secretário do Marquês de Rockingham, um dos líderes da facção liberal no parlamento britânico. No mesmo ano consegue um lugar nos Comuns e a sua oratória faz com que ascenda rapidamente no partido dos novos Whigs de Charles James Fox, com quem viria a romper. Mas perde o seu lugar de parlamentar em 1780, por defender causas impopulares junto dos seus eleitores, como a emancipação católica ou o fim do proteccionismo. Este revés está em consonância com a concepção de deputado e de partido político defendida por Burke e segundo a qual aquele não é uma mera correia de transmissão dos interesses dos seus eleitores, mas um advogado desinteressado e imparcial do bem comum; e este se define como um corpo de homens unidos em torno de princípios públicos que fornecem consistência e força à administração ou crítica justificada quando na oposição. Até se retirar da vida pública, em 1794, Burke irá regressar ao parlamento, ocupar cargos nos governos Whig e fazer oposição. Ao longo da sua carreira política, Burke empenhou-se em várias causas. Toma o partido das colónias na Questão Americana, escrevendo contra a intransigência legalista e o desrespeito pelos governados que, segundo pensa, caracterizam a posição da administração britânica. Para Burke, a Revolução Americana é uma luta pela liberdade de um povo face a uma governação incompetente e reflecte o espírito da Revolução Gloriosa britânica de 1688. É também muito crítico da intromissão do rei Jorge III no parlamento, defendendo que a escolha dos ministros deveria ser aprovada publicamente pelo povo através dos seus representantes eleitos. Empreende uma campanha contra a Companhia das Índias Orientais e seu Governador-geral, Warren Hastings, que acusa de abuso de poder e desrespeito pelos antigos costumes e tradições da Índia. Promove esforços legislativos para melhorar o estatuto dos católicos tanto em Inglaterra como na Irlanda. Mas a causa que iria suscitar a reflexão política que dá a Burke o seu lugar na história das ideias é a denúncia da Revolução Francesa. Ao contrário de muitos dos seus contemporâneos no partido liberal, Burke não vê esta como sendo um passo mais na luta pela liberdade na sequência da Revolução Gloriosa britânica de 1688 e da Revolução Americana de 1776. Em *Reflections on the Revolution in France*, de 1790, Burke argumenta que estas foram acontecimentos construtivos, que consolidaram liberdades concretas gradualmente adquiridas ao longo da história. Já a Revolução Francesa é pura destruição da ordem existente em nome de valores teóricos e abstractos. Trata-se, pois, de uma ameaça que deve ser receada e não de um evento libertador que deva ser celebrado. Este é o texto que faz de Burke o fundador do conservadorismo moderno e que provocou várias respostas célebres, a mais célebre talvez sendo a de Thomas Paine, *The Rights of Man*, de 1791. Burke apoiou ainda Wilberforce e o partido da emancipação na questão do tráfico de escravos. O princípio fundamental da sua política imperial parece ter sido a magnanimidade. Já a sua posição em relação à Revolução Francesa caracteriza-se por um conservadorismo rígido. Foram as suas opiniões acerca da Revolução Francesa que levaram à sua saída do partido Whig e à sua cisão com Fox. Depois disto, atribuiu-se a si próprio a tarefa de fazer regressar o pensamento Whig aos princípios da Revolução Gloriosa de 1688 e publicou o *Appeal from the New to the Old Whigs*. Continuou a criticar aquilo que entendeu serem os princípios da Revolução Francesa e retirou--se do Parlamento em 1795.

O conservadorismo filosófico, um sentido profundo da continuidade histórica e um respeito supremo pelas instituições britânicas caracterizam a sua abordagem genérica dos problemas políticos. O seu pendor filosófico e a amplitude dos seus interesses conferiram profundidade e variedade aos seus discursos e escritos. A análise que faz da futilidade da força no seu *Speech on the Conciliation with the American Colonies* é um clássico do pensamento político. E a sua prosa, inspirada por uma intensa seriedade moral, é imaginativa, lógica e altamente elaborada.

A *Investigação Filosófica acerca da Origem das Nossas Ideias do Sublime e do Belo* foi publicada pela primeira vez em 1757 e novamente em 1759, numa versão ampliada (que serve de base à presente edição portuguesa) e que reflecte a preocupação de levar em conta as reacções dos seus contemporâneos à primeira versão. A introdução sobre o gosto adicionada na segunda edição, em particular, parece ter sido motivada pelo ensaio "Do Padrão do Gosto" (1757) de David Hume, publicado entretanto[1]. E muitos dos temas tratados por Burke tinham já sido apresentados ao grande público numa série de ensaios de Joseph Addison, publicados em 1712 em *The Spectator*, acerca dos prazeres da imaginação. Addison defendera

---

[1] Ver a tradução portuguesa de João Paulo Monteiro, Sara Albieri e Pedro Galvão in David Hume, *Ensaios Morais, Políticos e Literários*, Lisboa, I.N. -C.M., 2002, pp. 207-226.

que os prazeres da imaginação são prazeres especificamente estéticos, reclamando uma análise psicológica detalhada. Faz parte ainda do panorama da estética britânica do século XVIII, e do contexto da discussão do gosto que é até certo ponto prosseguida por Burke no seu texto, uma corrente intuicionista e metafísica, que defende que o belo é objectivo e não analisável, representada por Francis Hutcheson e o seu *Inquiry into the Original of our Ideas of Beauty and Virtue*, publicado em 1726. A ênfase colocada por Hutcheson na beleza e na virtude, e não no sublime, testemunha uma ligação à teoria do sentido moral inato de Shaftesbury. No seu *Inquiry*, Hutcheson expande esta noção incluindo na nossa dotação inata também um sentido de beleza fixo. Embora mais inclinado para a escola analítica representada por Addison, Burke concorda com Hutcheson quanto à possibilidade de identificar um padrão do gosto fixo, ao contrário do que argumentara David Hume no seu ensaio de 1757. E afirma que, embora possa parecer que os indivíduos diferem nos seus raciocínios e nos seus prazeres, é provável que o padrão tanto da razão como do gosto seja o mesmo em todas as criaturas humanas (*Investigação*, "Introdução sobre o Gosto", p. 29). Defende também que a causa do mau gosto é um defeito do juízo (p. 43). E é esta confiança na semelhança do funcionamento humano que conduz a uma das principais características da investigação estética de Burke: a firmeza das distinções que traça entre o sublime e o belo. Estas distinções suscitam a afirmação bastante original segundo a qual a distinção convencional entre prazer e dor é insuficiente. Em vez desta, Burke afirma que não podemos considerar o alívio ou diminuição da dor como sendo a mesma coisa que a presença de um prazer positivo. Esta perspectiva contrasta directamente com o que é afirmado por Locke no *Ensaio sobre o Entendimento Humano* [Livro II, Cap. XX, Par. 16[2]]: que o desaparecimento ou diminuição de uma dor se considera e actua como um prazer, e que a privação ou diminuição de um prazer se considera

---

[2] Ver a tradução portuguesa de Eduardo Abranches de Soveral in John Locke, *Ensaio sobre o Entendimento Humano*, 2 vol., Lisboa, Fundação Calouste Gulbenkian, 1999.

e actua como uma dor. Para Burke, o alívio ou diminuição da dor constitui o deleite, que vê como tendo parte na nossa experiência do sublime, enquanto o prazer positivo "puro" é uma característica do belo. Defende ainda que o nosso estado anímico habitual é a indiferença, uma sensação que não é prazer nem dor. Embora Burke resista a definir o gosto, dado que não se trata de uma ideia simples e que não pretende "circunscrever a natureza nos limites das nossas próprias noções" (p. 30), presume que há um acordo universal quanto a coisas como a doçura do açúcar ou a acidez do vinagre. Este acordo deve-se ao facto de recebermos os objectos externos de forma semelhante: "se imaginarmos que os sentidos apresentam objectos diferentes a homens diferentes, este procedimento céptico tornará qualquer tipo de raciocínio sobre todos os objectos vão e frívolo, incluindo o próprio raciocínio céptico que nos tinha suscitado uma dúvida quanto à concordância das nossas percepções." (p. 32). Ao conteúdo fundacional das nossas experiências sensoriais adicionamos um poder criativo de representar ou combinar estas imagens sensoriais. A este poder criativo Burke chama imaginação (p. 35) e considera que também esta funciona segundo princípios uniformes em todos os homens, o que significa que "terá que haver um acordo tão próximo entre as imaginações como entre os sentidos do homem" (p. 36). Assim, o gosto "não é uma ideia simples mas consiste parcialmente numa percepção dos prazeres primários dos sentidos, dos prazeres secundários da imaginação e das conclusões da faculdade do raciocínio, envolvendo as várias relações entre estes bem como as paixões, os costumes e as acções humanas" (p. 42). O papel que a razão desempenha neste processo merece igualmente atenção. Em vez de existir num vácuo, a razão age em resposta tanto às experiências sensoriais efectivas como aos efeitos dos nossos poderes de imaginação, que já se fizeram sentir antes que a razão cumpra o seu papel. Na estética, como na política, Burke recusa o racionalismo.

Não é, no entanto, esta reflexão sobre o gosto, adicionada na segunda edição da *Investigação* para responder a posições de outros autores, a preocupação principal de Burke no seu texto. Aquilo que constitui simultaneamente essa preocupação e a originalidade da estética de Burke é uma discussão do sublime e do belo. Começa pela identificação da curiosidade como a emoção mais simples na mente humana (Parte I, Secção I, p. 49). Mas acrescenta que a actividade constante da curiosidade é cansativa a não ser que a mente seja afectada por outras paixões. Embora a novidade, o apelo da curiosidade, seja o que nos atrai para experiências sensoriais novas, os efeitos variados do prazer, da dor e da indiferença são paixões mais importantes e duradouras. Estes estados existem independentemente uns dos outros e não precisamos de ter a experiência da dor para compreender o prazer e vice-versa. Não sentimos dor quando o prazer acaba; antes, afirma Burke, a cessação do prazer traz-nos de volta ao nosso estado mais habitual, o de indiferença (Parte I, Secção II, p. 50)). Já a dor é uma sensação mais forte e poderosa e a sua cessação não conduz directamente à indiferença. Burke compara a sensação da dor dissipada ao "mar revolto" que persiste depois da tempestade (Parte I, Secção III, p. 54). Quando isto acontece, não sentimos nada de semelhante ao prazer positivo ou puro. Antes, encontramo-nos "num estado de muita sobriedade, impressionados com uma sensação de assombro, numa espécie de tranquilidade toldada de horror" (Parte I, Secção III, p. 53) É nisto que, segundo Burke, consiste o deleite, um tipo de experiência que é, pois, diferente tanto do prazer como da dor. O deleite é a redução ou cessação da dor, enquanto o prazer é uma sensação positiva e não relativa a um qualquer estado anímico prévio (curiosamente, Schopenhauer virá a defender exactamente o oposto: que a dor é uma sensação positiva por si mesma e que o prazer é simplesmente uma redução da dor; o prazer na arte seria uma cessação ou trégua temporária da dor do desejo não satisfeito). Uma vez acalmadas as ondas, regressaremos a um estado de indiferença. Mas enquanto a evidência da dor que se alivia ou que se evita estiver presente, uma paixão muito forte e séria continua a afectar-nos. As respostas dolorosas como o horror, o medo, o terror, o espanto, causadas por certos objectos artísticos, como as tragédias, e naturais, como o oceano em fúria, são acompanhadas de deleite mas não de prazer, um deleite produzido pela nossa consciência de que não estamos de facto em perigo. Os objectos que produzem dor e deleite são sublimes, um termo caído em desuso mas útil, já que o significado de certas obras de arte e certos aspectos da natureza são revelados na sua capacidade de nos afectarem de formas que são desagradáveis e perturbadoras.

Burke considera ainda que as sensações relativas à dor e ao perigo são sensações de auto-preservação e são as "mais poderosas de todas as paixões" que fazem parte da nossa experiência do sublime (Parte I, Secção VI, p. 58). O terror é o termo mais celebremente associado ao sublime. Burke escreve que "tudo o que seja de alguma maneira terrível, ou que diga respeito a objectos terríveis, ou que opere de uma forma análoga ao terror, é uma fonte de *sublime*; isto é, produz a emoção mais forte que a mente humana é capaz de sentir" (Parte I, Secção VII, p. 58). O perigo e a dor experimentados de forma demasiado próxima, como no caso de uma tempestade violenta, são simplesmente terríveis e incapazes de proporcionar qualquer deleite. Mas o perigo ou a dor a certas distâncias e com certas modificações são ao mesmo tempo deleitosos e sublimes (Parte I, Secção VII, p. 58). Esta concepção do sublime, a fonte das contribuições mais originais de Burke para a teoria estética, faz mudar o enfoque, então dominante, da beleza e da virtude para o belo e o sublime. Esta mudança leva Burke a considerar características como a vastidão e uma aproximação à infinitude – e o exemplo do oceano mais uma vez é esclarecedor – não apenas nos seus próprios termos mas também como sendo capazes de produzir sensações de dor e terror. Estas considerações introduzem uma profundidade psicológica que estava ausente em obras estéticas anteriores e uma exploração de uma gama de estímulos emocionais que, nos dois séculos anteriores, tinha sido confinada ao tratamento da tragédia. Mais ainda, embora o conceito de belo esteja longe de ser original na obra de Burke, o modo como ele o concebe e o contrapõe ao de sublime certamente é. O belo pertence não à paixão intensa da auto-preservação, mas antes ao domínio mais brando das qualidades sociais. Em geral, o homem, "uma criatura adaptada a relações mais variadas e complexas, associa a esta paixão genérica a ideia de qualidades *sociais* que dirigem e aumentam o apetite que partilha com os restantes animais" (Parte I, Secção X, p. 61). Burke dá o exemplo particular do amor, que é a beleza do sexo, e que nos separa da mera luxúria animal. Isto é, as experiências do belo não se identificam ou confundem com as experiências do desejo ou da lascívia, que nos empurram para a posse de certos objectos desejados (Parte III, Secção I, p. 115). Os sentimentos associados à experiência do belo não exercem influência activa e são causados em resposta a coisas particulares no âmbito de uma disposição mental puramente contemplativa. E o prazer envolvido na experiência do belo, ao contrário do deleite experimentado perante o sublime, deriva da tendência do belo para relaxar e acalmar o organismo. Nada disto significa que a beleza seja uma questão subjectiva ou de preferência individual, o que poria em causa a distinção rígida entre o belo e o sublime ou a afirmação da universalidade do gosto, e conduziria ao cepticismo humeano que Burke efectivamente rejeita. Antes, Burke fornece uma definição clara do belo: "(...) a beleza é, na grande maioria dos casos, alguma qualidade presente nos corpos que age mecanicamente sobre a mente humana através da intervenção dos sentidos" (Parte III, Secção XII, p. 137), e são exemplos desta qualidade características como a pequenez, a lisura, a variação gradual, a delicadeza (fragilidade até) e a cor clara (Parte III, Secções XIII-XVII). Se voltarmos ao exemplo da tempestade violenta como ilustração do sublime, não é difícil constatar a enorme diferença do sublime em relação ao belo e a sua independência. Na secção sobre a pequenez do belo, Burke desenvolve a sua associação do sublime com a auto-preservação e do belo com as qualidades menos intensas da sociedade e separa ainda mais os dois conceitos: considera que "raramente falamos de um grande objecto belo; mas é comum falarmos de um grande objecto feio. Há, pois, uma enorme diferença entre a admiração e o amor; e o sublime, que é a causa da admiração, está sempre relacionado com objectos grandes e terríveis. Já o amor associa--se a coisas pequenas e agradáveis. Submetemo-nos àquilo que admiramos, mas amamos aquilo que se nos submete" (Parte III, Secção XIII, p. 138). Segundo vários comentadores, a novidade desta perspectiva de Burke deriva da aplicação do empirismo à teoria estética. Mas o que é mais interessante na noção de belo proposta por Burke é o modo como põe em causa as perspectivas mais populares que ligam o belo a outras virtudes como a proporção, a conveniência, a utilidade e a função, a harmonia e mesmo a bondade e a perfeição moral. Burke rejeita todas estas virtudes associadas e considera que têm origem em qualidades não estéticas que nada têm a ver com a qualidade propriamente estética do belo. Ao assumir posições como estas, Burke não apenas alargou e alterou os princípios característicos das teorias do gosto e dos cânones da crítica do seu tempo, mas antecipou também temas que viriam a ter um lugar predominante na sensibilidade e nas teorias estéticas românticas subsequentes.

ALEXANDRA ABRANCHES

Outras Edições da obra:

- *Uma Investigação Filosófica sobre a Origem de nossas Ideias do Sublime e do Belo,* Campinas, Universidade de Campinas, 1993. (Tradução, apresentação e notas de Enid Abreu Dobránszky)

- *Indagación filosófica sobre el origen de nuestras ideas acerca de lo sublime y de lo bello,* Madrid, Editorial Tecnos, 1997, 2ª Ed. (Estúdio preliminar y traducción: Menene Gras Balaguer)

- *Recherche Philosophique sur l'origine de nos idées du sublime et du beau,* Paris, Librairie Philosophique J. Vrin, 1998. *(Avant--propos, traduction et notes par Baldine Saint Girons)*

Bibliografia sobre Edmund Burke

AA. VV., *Inquérito à Modernidade – Bi-Centenário da Morte de Edmund Burke (1729-1797)*, Braga, U.M./Centro de Estudos Humanísticos (Colecção Hespérides/ Literatura), 1999.

AYLING, S., *Edmund Burke: His Life and Opinions*, London, John Murray, 1988.

CHAPMAN, G. W., *Edmund Burke: The Practical Imagination*, Cambridge, MA., Harvard University Press, 1967.

EAGLETON, Terry, «Edmund Burke e Adam Smith» in *O Problema dos Desconhecidos. Um estudo da ética*, Rio de Janeiro, Civilização Brasileira, 2010, pp. 95-121

FERREIRA, Valdemar de Azevedo, *Império, Estado, Revolução: o pensamento político de Edmund Burke*, Lisboa, Universidade de Lisboa, 1997. (Dissertação de Doutoramento)

FURNISS, Tom, *Edmund Burke's Aesthetic Ideology – Language, Gender and Political Economy in Revolution*, Cambridge, Cambridge University Press, 1993.

HAMPSHER-MONK, Iain, *The Political Philosophy of Edmund Burke*, Essex, Longman, 1987.

HINDSON, Paul, GRAY, Tim, *Burke's Dramatic Theory of Politics*, Aldershot, Avebury, 1988.

KRAMNICK, I., *The Rage of Edmund Burke: Portrait of an Ambivalent Conservative*, New York, Basic Books, 1977.

Mac PHERSON, C. B., *Burke*, New York, Hill & Wang, 1980.

MAIA, Pedro Santos, "Introdução", Edmund Burke - *Defesa da Sociedade Natural* (1756), Lisboa, Temas e Debates, 2008, pp. 7-58.

O'BRIEN, Conor Cruise, *The Great Melody: A Thematic Biography of Edmund Burke*, Chicago, University of Chicago Press, 1992.

O'GORMAN, Frank, Edmund Burke. *His Political Philosophy*, London, George Allen & Unwin, 1973.

WHITE, S. K., *Edmund Burke: Modernity, Politics and Aesthetics*, Thousand Oaks, Sage, 1994.

SAINT GIRONS, Baldine, *"Avant-propos"*, Edmund Burke – *Recherche Philosophique sur l'origine de nos idées du sublime et du beau*, Paris, Librairie Philosophique J. Vrin, 1998, pp. 7-48.

Nota dos tradutores
acerca da presente edição

Esta primeira versão portuguesa da segunda edição (1759), revista e aumentada, do ensaio *A Philosophical Enquiry into the Origin of our Ideas of the Sublime and Beautiful*, foi elaborada a partir da edição crítica das obras de Burke, publicada pela Imprensa da Universidade de Oxford e editada por Paul Langford (*The Writings and Speeches of Edmund Burke*, 10 Vol., Oxford, Oxford University Press, 1981-2000).

O ensaio em causa pertence ao primeiro volume desta consagrada edição e foi publicado em 1997, tendo sido editado por T.O. McLoughlin e James T. Boulton. Contém os escritos de juventude ou "early writings", ou seja, os publicados até 1765, antes de Burke se ter tornado um político com notoriedade.

Nesta tradução a pontuação foi por vezes actualizada. As notas de rodapé da responsabilidade dos tradutores aparecem sempre numeradas. As notas de rodapé do próprio Burke aparecem com asteriscos e outros sinais.

Relativamente às citações de clássicos gregos e latinos, que aparecem no ensaio de Burke com alguma frequência, recorremos, sempre que foi possível, às versões portuguesas mais conceituadas, as quais são sempre identificadas na nota de rodapé. Adoptámos o mesmo critério para os clássicos ingleses. Na falta de uma indicação sobre a versão portuguesa usada, a tradução foi da responsabilidade dos tradutores. Em todas as traduções dos clássicos, elaboração das respectivas notas e revisão final, cumpre-nos agradecer, de forma calorosa, o precioso auxílio prestado pela Professora Doutora Virgínia Conceição Soares Pereira, professora de Estudos Clássicos do Departamento de Estudos Portugueses e Lusófonos do Instituto de Letras e Ciências Humanas da Universidade do Minho. Nas citações dos clássicos, incluindo as de autores ingleses, tendo em vista facilitar a compreensão da obra ao leitor português, optámos por colocar a tradução portuguesa no corpo do texto e não em nota de rodapé, sendo aí onde transcrevemos a versão na língua original. Cumpre-nos advertir, por fim, que as citações dos clássicos gregos e latinos patentes no texto original de Burke – e que optámos por transcrever fielmente – nem sempre correspondem às fixadas pelas edições críticas mais recentes.

UMA INVESTIGAÇÃO FILOSÓFICA ACERCA DA ORIGEM DAS NOSSAS IDEIAS DO SUBLIME E DO BELO

EDMUND BURKE

Prefácio da Primeira Edição

O autor espera que não seja considerado impertinente dizer algo acerca dos motivos que o levaram a encetar a investigação que se segue. Já antes as matérias que constituem o objecto de estudo desta haviam ocupado bastante a sua atenção. Todavia, encontrou-se profundamente desorientado. Descobriu que estava longe de possuir uma teoria exacta acerca das nossas paixões, ou um conhecimento das suas fontes genuínas; que não poderia reduzir as suas noções a quaisquer princípios estáveis ou consistentes; e havia reparado que outros se enredavam nas mesmas dificuldades.

Observou que as ideias do sublime e do belo eram frequentemente confundidas e que ambas eram indiscriminadamente aplicadas a objectos que diferiam muito, e às vezes de natureza directamente oposta. Até Longino[3], no seu discurso incomparável acerca de uma parte deste assunto, compreendeu, sob o nome comum de *Sublime,* coisas totalmente opostas. O abuso da palavra Beleza tem sido ainda mais generalizado e acarretou consequências bem piores.

---

[3] Referência ao suposto autor de um tratado clássico sobre o sublime, datado do séc. I A. C., que foi traduzido para inglês por Wiliam Smith (1711--87) e que Burke comprovadamente estudou nessa edição, que foi primeiramente publicada em 1739 e teve sucessivas edições (Dublin, 1740; Londres, 1742, 1743). A autoria deste tratado é, no entanto, incerta: Pseudo-Dionísio ou Longino.

Uma tal confusão de ideias certamente torna os nossos raciocínios sobre objectos deste tipo extremamente vagos e inconclusivos. Penso que isso só poderia ser remediado através de um exame diligente das paixões que agitam o nosso coração; de um exame cuidadoso das propriedades das coisas que, pela experiência, sabemos que influenciam essas paixões; e de uma sóbria e atenta investigação das leis da natureza, de acordo com as quais as propriedades afectam o corpo e, consequentemente, excitam as nossas paixões. Especulei que, se tal pudesse ser feito, as regras dedutíveis desta investigação poderiam ser aplicadas, sem grande dificuldade, às artes imitativas e a tudo o mais que lhes concernisse.

Passaram quatro anos desde que esta investigação foi concluída. Durante esse tempo o autor não encontrou razão alguma que justificasse uma alteração substancial na sua teoria. Revelou-a a alguns dos seus amigos, homens sábios e sinceros, que não a pensam totalmente irrazoável; agora ousa mostrá-la ao público, propondo as suas noções, não como coisa certa e indisputável, mas como conjectura provável e se em algum ponto se expressou de forma mais categórica isso deveu-se à desatenção.

Prefácio da Segunda Edição

Esforcei-me por fazer esta edição um pouco mais completa e satisfatória que a primeira. Compilei com o maior dos cuidados, e li com igual atenção, tudo o que veio a lume contra as minhas opiniões. Tirei partido da liberdade cândida dos meus amigos; e se desta maneira fiquei mais apto a descobrir as imperfeições da obra, a indulgência com que foi recebida, imperfeita como era, proporcionou-me um novo motivo para não poupar quaisquer esforços no seu aperfeiçoamento. Apesar de não ter encontrado motivo suficiente, ou o que me parecia suficiente, para fazer uma alteração substancial na minha teoria, considerei necessário, em vários pontos, explicá-la, ilustrá-la e reforçá--la. Incluí um discurso introdutório acerca do gosto pois trata-se de uma matéria curiosa em si mesma e conduz, naturalmente, à investigação principal. Esta parte, juntamente com as outras explanações, tornou a obra consideravelmente maior. Mas, o incremento no seu volume, receio, aumentou os seus defeitos. De modo que, apesar de todas as minhas precauções, ela pode vir a carecer ainda de uma dose maior de indulgência do que quando da sua primeira aparição.

Os que estão acostumados a estudos desta natureza esperam e perdoarão muitos erros. Sabem que muitos dos objectos da nossa investigação são, em si mesmos, obscuros e intrincados e que muitos outros tornaram-se assim por causa das subtilezas afectadas e do falso saber. Sabem que o assunto em apreço envolve muitos obstáculos, como os preconceitos dos outros, e até os nossos. Tudo isto faz com que seja muito difícil mostrar claramente a face genuína da natureza. Eles sabem que pelo facto de a mente estar absorvida na consideração do conspecto geral das coisas, algumas particularidades serão negligenciadas; que frequentes vezes devemos subordinar o estilo à matéria e prescindir da elegância, satisfazendo-nos com a clareza. É verdade que os caracteres da natureza são legíveis. Mas não são suficientemente evidentes a ponto de permitir uma leitura apressada. Devemos usar, nos nossos procedimentos, um método cauteloso ou, diria mesmo, timorato. Não devemos tentar voar quando mal conseguimos arrastar-nos. Ao considerar qualquer matéria complexa, devemos examinar, um a um, todos os seus componentes distintos e reduzir cada coisa à máxima simplicidade, visto que a condição da nossa natureza vincula-nos a uma lei rigorosa e a limites muito estreitos. Deveríamos, de seguida, reexaminar os princípios através do efeito da composição, bem como a composição pelo efeito dos princípios. Deveríamos comparar o nosso objecto com coisas de natureza semelhante, e mesmo com coisas de natureza contrária, já que as descobertas podem decorrer, e amiúdes vezes decorrem, do contraste, o qual nos escaparia a partir de um ponto de vista simples. Quanto maior for o número de comparações que fizermos, mais geral e mais certo se revelará o nosso conhecimento, uma vez que se baseia numa mais perfeita e mais ampla indução.

Ainda que uma investigação conduzida assim cuidadosamente falhe na descoberta da verdade, pode, em todo o caso, cumprir um fim quiçá tão útil, ao mostrar-nos a fraqueza do nosso próprio entendimento. Se não nos faz mais sábios, pode tornar-nos modestos. Se não nos preserva do erro, poderá, ao menos, fazê-lo do espírito do erro, e pode acautelar-nos contra um juízo categórico ou apressado, já que tanto trabalho pode redundar em outra tanta incerteza.

Seria desejável que, ao examinar esta teoria, fosse seguido o mesmo método que me esforcei por seguir na sua formação. Na minha opinião, as objecções deveriam ser propostas ou em relação aos princípios gerais tal como são considerados distintamente, ou à justeza da conclusão deles extraída. Mas é comum guardar silêncio sobre as premissas e a conclusão e considerar como objecção alguma passagem poética que não parece facilmente imputável aos princípios que me esforcei por estabelecer. Devo dizer que considero esta maneira de proceder muito imprópria. Se não pudéssemos estabelecer qualquer princípio antes de termos desvelado a textura complexa de cada imagem ou descrição dos poetas e retóricos, a tarefa seria infinita. E mesmo que não conseguíssemos conciliar os efeitos destas imagens com os nossos princípios, tal facto nunca poderia pôr em causa a teoria em si, desde que esteja fundada em factos certos e indisputáveis. O valor de uma teoria fundada na experiência e não em suposições mede-se por aquilo que consegue explicar. A nossa incapacidade para a alargar indefinidamente não é, de todo, um argumento contra ela. Esta incapacidade pode dever-se à nossa ignorância de alguns princípios mediadores (*mediums*) necessários, a uma deficiente aplicação dos princípios, a muitas outras causas para além de defeitos nos princípios que empregamos. Na realidade, o assunto requer uma atenção bastante mais fina do que aquela que presumimos ter na nossa maneira de o tratar.

Se tal não for evidente à primeira vista, devo advertir o leitor para não considerar que eu pretendia uma dissertação exaustiva sobre o Sublime e o Belo. A minha investigação não foi mais longe do que a origem destas ideias. Se as qualidades que eu incluí no âmbito do Sublime forem consideradas consistentes entre si, e todas diferentes das que coloco no âmbito da Beleza; e se as que compõem a classe do Belo apresentarem, entre si, a mesma consistência e a mesma oposição em relação às que são classificadas sob a denominação do Sublime, pouco me importarei se alguém lhes der outro nome, desde que conceda que as coisas que eu coloco em categorias diferentes são, na realidade, diferentes em natureza. Podem acusar-me de usar as palavras de uma forma demasiado restritiva ou demasiado lata. Mas o seu significado dificilmente poderá ser mal interpretado.

Concluindo, qualquer que seja o progresso que, nesta matéria, possa vir a ser alcançado no sentido da descoberta da verdade, não me arrependo do esforço que despendi. A utilidade destas investigações pode ser considerável. Tudo aquilo que faz a alma olhar para dentro de si mesma, tende a concentrar as suas forças e adequá-las aos voos mais altos da ciência. Através da consideração das causas físicas as nossas mentes abrem-se e ampliam-se e, nesta busca, quer capturemos quer percamos a nossa presa, o lance é certamente útil. Cícero, fiel como era à Filosofia Académica([4]), e sendo, por isso, levado a rejeitar a certeza do conhecimento físico bem como outro tipo qualquer de conhecimento, em todo o caso abertamente confessa a sua grande importância para o entendimento humano: "Pois o estudo e observação da natureza fornecem uma espécie de alimento essencial aos nossos espíritos e mentes".([5]) Se conseguirmos dirigir as luzes que derivamos destas exaltadas investigações para o mais modesto campo da imaginação, ao mesmo tempo que investigamos as fontes das paixões e traçamos o seu curso, podemos não apenas comunicar ao gosto uma sorte de solidez filosófica, mas também reflectir sobre as ciências mais severas algumas das graças e elegâncias do gosto, sem as quais a maior proficiência nessas ciências terá sempre a aparência de algo grosseiro.

([4]) Corrente céptica da filosofia helenística.

([5]) Em latim no original: *"Est animorum ingeniorumque nostrorum naturale quoddam quasi pabulum consideratio contemplatioque naturae."* (Cícero, *Academica*, 2.127)

INTRODUÇÃO

Sobre o Gosto

De um ponto de vista superficial, parece que diferimos amplamente uns dos outros nos nossos raciocínios e não menos nos nossos prazeres. Mas, não obstante esta diferença, que penso ser mais aparente do que real, é provável que tanto o padrão da razão como o do gosto sejam os mesmos em todas as criaturas humanas. Visto que se não houvesse alguns princípios de juízo, assim como de sentimento, comuns a toda a humanidade, não poderíamos apelar nem à sua razão nem às suas paixões na condução do ordinário comércio da vida. Na verdade, parece ser geralmente aceite que, em relação à verdade e à falsidade, existe alguma coisa de fixo. Verificamos que as pessoas nas suas disputas apelam continuamente para certas provas e padrões, supostamente derivados da nossa natureza comum e aceites por todas as partes. Já quanto ao Gosto não existe a mesma conformidade óbvia em relação a princípios uniformes ou estabelecidos. É até comummente suposto que o gosto, esta delicada e etérea faculdade, que parece demasiado volátil para suportar sequer as cadeias de uma definição, não consegue ser testado por qualquer prova, nem regulado por qualquer padrão. Em contrapartida, o apelo ao uso da faculdade do raciocínio é tão contínuo, e tão fortalecido por disputas constantes, que certas máximas da boa razão parecem ser aceites tacitamente entre os mais ignorantes. Os eruditos aperfeiçoaram esta ciência rude e reduziram as suas máximas a um sistema. Que o Gosto não tenha sido cultivado com tanta felicidade deveu-se não à aridez da matéria mas à escassez e negligência dos que nela laboraram; pois, na verdade, os motivos interessantes que nos impelem a estabelecer as máximas do raciocínio não são os mesmos que nos levam a determinar as do Gosto. E, ao fim e ao cabo, se os homens diferem nas suas opiniões em relação a estas matérias, esta divergência não desencadeia as mesmas consequências importantes. Caso contrário, não duvido que a lógica do Gosto – se me é permitida a expressão – poderia ser muito possivelmente tão bem compendiada como a do raciocínio e, desta forma, poderíamos vir a discutir matérias desta natureza com o mesmo grau de certeza alcançável naquelas que cabem mais imediatamente na província da mera razão. E, na verdade, é absolutamente necessário que, ao entrarmos numa investigação deste tipo, clarifiquemos este ponto da melhor maneira possível. Porque se o gosto não possui princípios fixos, se a imaginação não é afectada de acordo com determinadas leis invariáveis e certas, o nosso labor será certamente em vão. Tal como deve ser considerado inútil, ou mesmo absurdo, o empreendimento de fixar regras para o capricho ou de nos arvorarmos em legisladores de quimeras e fantasias.

O termo Gosto, como todos os outros termos figurativos, não é muito preciso. Aquilo que por ele entendemos está longe de ser uma ideia simples e determinada nas mentes da maior parte dos homens, sendo, por conseguinte, propício à incerteza e à confusão. Não tenho grande opinião das definições, o remédio celebrado para a cura desta maleita. Porque quando definimos, parece que incorremos no perigo de circunscrever a natureza nos limites das nossas próprias noções, as quais frequentes vezes elaboramos ao acaso, acolhemos às cegas, ou formamos a partir de uma consideração limitada e parcial do objecto diante de nós, em vez de alargar as nossas ideias de forma a abranger tudo o que a natureza compreende, de acordo com o seu modo de combinar. Na nossa investigação, estamos limitados pelas leis rígidas a que nos submetemos no início.

– Ficarmos a andar à volta no caminho trivial, aberto a todos. De onde nos impede de sair a timidez e a economia da obra([6]).

Uma definição pode ser bastante exacta e, todavia, não levar muito longe no tocante ao conhecimento da natureza da coisa definida. Mas, seja qual for a virtude da definição, na ordem das coisas, ela deve seguir e não preceder a nossa investigação, como o seu resultado. Deve ser reconhecido que os métodos de pesquisa e de ensino podem, por vezes, ser diferentes e, sem dúvida alguma, por muito bons motivos. Pela minha parte, estou convencido que o método de ensinar que mais se aproxima do método de investigação é incomparavelmente o melhor; porquanto, não se contentando em apresentar uma série de verdades áridas e inertes, conduz à fonte da qual elas brotaram; tende a dirigir o próprio leitor para a senda da invenção, conduzindo-o pelos caminhos em que o autor fez as suas próprias descobertas, caso este seja tão feliz a ponto de ter feito algumas com valor.

Mas, para afastar desde já todas as pretensões sofísticas, quero significar pela palavra Gosto nada mais do que aquela faculdade da mente, ou aquelas faculdades, que são afectadas ou formam um juízo acerca das obras da imaginação e das artes. Esta é, penso eu, a ideia mais geral que aquela palavra pode traduzir e a menos ligada a qualquer teoria em particular. O meu propósito nesta investigação é averiguar se há princípios, segundo os quais a imaginação é afectada, tão comuns a todos, tão bem fundamentados e certos, que nos possam fornecer os instrumentos para raciocinar satisfatoriamente acerca deste tema. E suponho que tais princípios do Gosto existem, por mais paradoxal que possa parecer aos que, de um ponto de vista superficial, imaginam que a diversidade de Gostos é tão grande, tanto em natureza como em grau, que nada pode ser mais indeterminado.

Os poderes naturais do homem relacionados com objectos externos de que tenho conhecimento são: os sentidos; a imagi-

---

([6]) Em latim no original: "– *Circa vilem patulumnque morabimur orbem / Vnde pudor proferre pedem vetat aut operis lex*" (cf. Horácio, *De Arte Poetica*, II.132, 135.)

nação; e o juízo. Vejamos primeiro os sentidos. Nós supomos, e devemos fazê-lo, que tal como a conformação dos órgãos é, de um modo geral, quase a mesma em todos os homens, assim também é a maneira de perceber objectos externos. Basta-nos que aquilo que parece ser luz a um olho, pareça ser luz a outro; que aquilo que parece doce a um paladar, seja doce para outro; que aquilo que é escuro e amargo para este homem, seja igualmente escuro e amargo para aquele. E concluímos no mesmo sentido em relação ao grande e ao pequeno, ao duro e ao macio, ao quente e ao frio, ao rugoso e ao liso. E, na verdade, de todas as qualidades naturais e afecções dos corpos. Se imaginarmos que os sentidos apresentam imagens diferentes a homens diferentes, este procedimento céptico tornará qualquer tipo de raciocínio sobre todos os objectos vão e frívolo, incluindo o próprio raciocínio céptico que nos tinha suscitado uma dúvida quanto à concordância das nossas percepções. Mas como não haverá qualquer dúvida de que os corpos apresentam imagens similares a toda a espécie, devemos necessariamente admitir que um objecto desencadeia num homem os mesmos prazeres e dores que desencadeia em toda a humanidade, desde que esse objecto opere naturalmente, simplesmente e através apenas dos seus poderes. Se negarmos isto, teremos que imaginar que a mesma causa operando da mesma maneira, e em sujeitos do mesmo tipo, produziria efeitos diferentes, o que seria altamente absurdo.

Consideremos em primeiro lugar este argumento a propósito do sentido do Gosto, tanto mais que a faculdade recebeu o seu nome do sentido. Todos os homens estão de acordo em considerar o vinagre ácido, o mel doce, e o aloé amargo. E assim como concordam que essas qualidades se encontram nesses objectos, também não discordam minimamente quanto aos seus efeitos em termos de prazer e dor. Todos convergem ao considerar a doçura agradável e a acidez e a amargura desagradáveis. Aqui não há diversidade nos seus sentimentos; e isso transparece totalmente na concordância de todos os homens em relação às metáforas que têm origem no sentido do Gosto. Um temperamento azedo, expressões amargas, insultos amargos, um destino amargo, são termos bem e fortemente compreendidos por todos. E somos também bem compreendidos quando dizemos: uma disposição doce, uma pessoa doce, uma condição doce e daí por diante. Diz-se que o costume e outras causas introduziram diversas modificações nos prazeres ou dores naturais que pertencem a estes diferentes Gostos; no entanto, a capacidade para distinguir um sabor natural de um adquirido mantém-se inalterada. Um homem frequentemente acaba por preferir o Gosto do tabaco ao do açúcar e o do vinagre ao do leite. Mas isto não confunde de modo algum os Gostos, desde que ele se aperceba que o tabaco e o vinagre não são doces e que foi apenas o hábito que reconciliou o seu paladar com estes prazeres estranhos. Até mesmo com uma pessoa assim podemos conversar com precisão suficiente acerca dos Gostos. Mas se encontrarmos um homem que declare que, segundo o seu parecer, o tabaco tem um sabor parecido com o açúcar e que não consegue distinguir entre o leite e o vinagre, ou que o tabaco e o vinagre são doces, o leite amargo e o açúcar ácido, imediatamente concluímos que os órgãos deste homem estão desarranjados e que o seu paladar está viciado. Não consultaríamos esta pessoa relativamente a Gostos, tal como, ao raciocinar sobre as relações de quantidade, não concordaríamos com alguém que negasse que todas as partes juntas são iguais ao todo. Não dizemos que um homem destes se engana nas suas noções mas que é absolutamente louco. De qualquer das maneiras, excepções deste tipo não inviabilizam a nossa regra geral nem nos levam a concluir que os homens possuem princípios diversos no concernente às relações de quantidade ou ao gosto das coisas. Tanto é assim que quando se afirma "os Gostos não se discutem" isso só pode significar que ninguém pode dizer com exactidão que prazer ou dor um qualquer homem em particular pode obter de uma coisa em particular. Sobre isto não pode haver, de facto, discussão; mas podemos discutir, e com suficiente clareza, acerca das coisas que são naturalmente agradáveis ou desagradáveis aos sentidos. Mas quando falamos de um qualquer gosto peculiar ou adquirido, devemos conhecer os hábitos, os preconceitos ou os desequilíbrios do homem em causa, e devemos extrair as nossas conclusões daí.

Este acordo da humanidade não se restringe unicamente ao Gosto. O princípio do prazer derivado da visão é o mesmo em todos. A luz é mais agradável do que a escuridão. O Verão, quando toda a natureza está coberta de verde, quando os céus estão serenos e luminosos, é mais agradável do que o Inverno, altura em que todas as coisas apresentam uma aparência diferente. Não consigo pensar num único caso de uma coisa bonita, seja um homem, um animal, um pássaro, ou uma planta, que tenha sido mostrada até mesmo a cem pessoas, e que não tenha suscitado imediatamente acordo quanto à sua beleza; ainda que algumas pessoas pudessem considerar que estava aquém das suas expectativas ou que outras coisas seriam ainda mais belas. Acredito que nenhum homem pensa que um ganso é mais bonito que um cisne ou imagina que a chamada galinha Friezland é mais bela do que um pavão. Deve ser também observado que os prazeres da visão de nenhum modo são tão complicados, confusos e alterados por hábitos ou associações adquiridos, como os prazeres do paladar. Porque os prazeres da visão suscitam mais comummente a aquiescência e não são tão frequentemente alterados por considerações independentes da própria visão. No entanto, as coisas não se apresentam espontaneamente ao paladar tal como se apresentam à vista. São geralmente tomadas ou como alimento ou como remédio e, devido às qualidades que possuem para efeitos nutritivos ou médicos, frequentes vezes formam o paladar gradualmente, e por força dessas associações. Assim, o ópio é agradável para os Turcos, devido ao delírio agradável que produz. O tabaco faz as delícias dos holandeses, na medida em que difunde um torpor e um adormecimento agradável. As bebidas fermentadas satisfazem as nossas pessoas comuns porque afastam os cuidados e todas as considerações de males presentes e futuros. Todas estas substâncias teriam sido absolutamente negligenciadas se, originalmente, as suas propriedades se limitassem ao Gosto. Mas todas elas, juntamente com o chá e o café, e mais algumas coisas, vieram, no passado, da loja do boticário para as nossas mesas, e foram usadas como remédios muito antes de terem sido consideradas fontes de prazer. O efeito da droga levou-nos a usá-la frequentemente; o uso frequente, combinado com o efeito agradável, acabou por tornar o próprio gosto agradável. Mas este facto não baralha, de forma alguma, o nosso raciocínio; porque distinguimos, sem excepção, o sabor natural do adquirido. Ao descrever o sabor de um fruto desconhecido, certamente não diríamos que tinha um gosto doce e agradável como tabaco, ópio ou alho, ainda que falássemos para quem usasse constantemente estas drogas e retirasse grande prazer delas. Há em todos os homens uma lembrança suficiente das causas naturais do prazer que lhes permite aferir todas as coisas que afectam os sentidos de acordo com esse padrão e regular os seus sentimentos e opiniões por ele. Suponhamos alguém, com o paladar tão viciado a ponto de sentir mais prazer no gosto do ópio do que no da manteiga e do mel, a quem presenteamos com um preparado de cebolas do mar([7]). Não resta nenhuma dúvida de que preferiria a manteiga e o mel a esta mistela nauseabunda, ou a qualquer outra droga amarga a que não tivesse sido acostumado. Isto prova que o seu paladar era, em todas as coisas, naturalmente como o de qualquer outro homem, sendo apenas viciado em alguns aspectos particulares. Porquanto ao julgar cada nova coisa, até mesmo um gosto semelhante àquele que o hábito o levou a apreciar, o seu paladar é afectado da maneira natural, e através dos princípios comuns. Assim, o prazer de todos os sentidos, da vista, e até do Gosto, o mais ambíguo deles, é o mesmo para todos homens, sejam de alta ou baixa extracção, sejam cultos ou incultos.

Além das ideias, com as suas dores e prazeres associados, que são apresentadas pelos sentidos, a mente do homem possui uma espécie de poder criativo próprio, seja na livre representação das imagens das coisas na ordem e modo como foram recebidas pelos sentidos, seja na combinação destas imagens de uma maneira nova e segundo uma ordem diferente. Este poder é designado por imaginação. A ele pertence tudo o que é chamado por engenho, fantasia, invenção e epítetos semelhantes. Contudo, deve ser observado que este poder da imaginação é incapaz de produzir algo absolutamente novo. Só pode modi-

---

([7]) Burke refere-se a um medicamento diurético, de sabor amargo, preparado à base de cebolas-do-mar ou *Boltenia ovifera*.

ficar a disposição daquelas ideias que recebeu dos sentidos. Ora, a imaginação é a mais ampla província de prazer e de dor, dado que é a região dos nossos medos e esperanças, bem como de todas as paixões relacionadas com estes. E o que quer que seja calculado para afectar a imaginação com essas ideias dominantes, através de alguma impressão natural original, deverá de facto exercer igualmente o mesmo poder sobre todos os homens. Pois, uma vez que a imaginação é apenas a representante dos sentidos, só poderá sentir prazer ou desprazer com as imagens de acordo com o mesmo princípio segundo o qual o sentido experimenta prazer ou desprazer com as realidades. E, consequentemente, terá que haver um acordo tão próximo entre as imaginações como entre os sentidos do homem. Um pouco mais de atenção convencer-nos-á que tem de ser necessariamente assim.

Todavia, na imaginação, além da dor e do prazer derivados das propriedades do objecto natural, existe um prazer obtido através da semelhança que a imitação tem em relação ao original. Penso que a imaginação só pode experimentar o prazer que resulta de cada uma destas causas. E estas causas operam de uma forma bastante uniforme em todos os homens, visto que operam de acordo com princípios presentes na natureza e não derivados de quaisquer hábitos ou vantagens em particular. O Sr. Locke observou, com justeza e argúcia, que o engenho é particularmente hábil a traçar semelhanças; ao passo que a tarefa do juízo consiste em encontrar diferenças. Pode talvez depreender-se desta suposição que não há distinção relevante entre o engenho e o juízo dado que ambos parecem resultar de diferentes operações da mesma faculdade de *comparar*. Mas, na realidade, sejam ou não dependentes do mesmo poder da mente, diferem de forma tão substancial em tantos aspectos, que a união perfeita do engenho e do juízo é uma das coisas mais raras do mundo. Quando dois objectos distintos são diferentes entre si, isso é apenas o que esperamos, as coisas são como costumam ser. Logo, não causam impressão na imaginação: mas quando dois objectos distintos têm uma semelhança, ficamos impressionados, detemo-nos neles e sentimos prazer. A mente do homem sente naturalmente uma muito maior vivacidade e satisfação ao detectar semelhanças do que ao procurar diferenças; porque ao estabelecer semelhanças nós produzimos novas imagens, unimos, criamos, alargamos o nosso património. Mas, ao fazer distinções não alimentamos de todo a imaginação. A tarefa em si é mais severa e aborrecida, e qualquer prazer que derivemos dela é como que de uma natureza indirecta e negativa. Transmitem-me uma notícia de manhã. Isto, meramente enquanto uma notícia, enquanto um facto adicionado ao meu património, dá-me algum prazer. Durante a tarde descubro que a notícia não tinha fundamento. O que ganho com isto senão a insatisfação de descobrir que tinha sido ludibriado? É por isso que os homens se inclinam muito mais para a crença do que para a incredulidade. E é segundo este princípio que as nações mais ignorantes e bárbaras se têm frequentemente distinguido na elaboração de similitudes, comparações, metáforas e alegorias, apesar de serem fracas e atrasadas a distinguir e ordenar as suas ideias. É também por uma razão desta ordem que Homero e os escritores orientais, apesar de muito apreciadores de similitudes, e embora nos surpreendam com elas, raras vezes se preocuparam com a sua exactidão. Isto é, eles entusiasmam-se com a semelhança genérica, realçam-na com cores fortes mas não prestam atenção à diferença que pode ser encontrada entre as coisas comparadas.

Ora, uma vez que o prazer da semelhança é o que principalmente encanta a imaginação, todos os homens são praticamente iguais neste aspecto, tanto quanto o permite o conhecimento que possuem das coisas representadas ou comparadas. O princípio deste conhecimento é em larga medida acidental uma vez que depende da experiência e da observação e não da força ou fraqueza de qualquer faculdade natural. E é desta diferença no conhecimento que procede aquilo a que geralmente chamamos, embora sem grande exactidão, diferença no Gosto. Um homem para quem a escultura é uma novidade vê um manequim ou uma peça ordinária de estatuária e fica imediatamente impressionado. Compraz-se porque vê algo parecido com uma figura humana e, totalmente absorvido por esta semelhança, não presta atenção aos defeitos. Ninguém, creio eu, ao ver pela primeira vez uma peça de imitação o fez alguma vez. Algum tempo depois, suponhamos que este neófito depara com um trabalho da mesma natureza mas mais artificial. Agora começa a olhar com desdém para aquilo que admirara no início; não que o tivesse admirado mesmo nessa altura pela sua dissemelhança com um homem, mas por aquela semelhança geral mas imprecisa que apresentava em relação à figura humana. O que admirou em alturas diferentes nestas figuras tão diferentes é, rigorosamente, o mesmo e, embora o seu conhecimento tenha sido desenvolvido, o seu Gosto não se alterou. Até aqui o seu erro decorria da falta de conhecimento da arte, e isto derivou da sua inexperiência; mas ele pode ainda padecer de uma falta de conhecimento da natureza. Pois é possível que o homem em questão fique por aqui, e que a obra-prima de um grande génio possa não lhe agradar mais do que a mediana execução de um artista vulgar; e isto não por falta de um prazer melhor ou mais elevado mas porque nem todos os homens observam a figura humana com atenção suficiente para poderem julgar cabalmente uma sua imitação. E podemos constatar em diversas instâncias que o Gosto crítico não depende de um princípio superior nos homens mas de um conhecimento superior. A história do pintor antigo e do sapateiro é muito bem conhecida. O sapateiro corrigiu o pintor quanto a alguns erros que este cometera no sapato de uma das suas figuras e que o pintor - que não tinha feito observações rigorosas acerca de sapatos, contentando-se com uma semelhança genérica - nunca tinha observado. Mas isto não pôs em causa o Gosto do pintor, apenas mostrou uma carência de conhecimentos na arte de fazer sapatos. Imaginemos que um anatomista havia entrado no estúdio do pintor. A sua peça é, em termos gerais, bem executada, a figura está numa boa atitude, e as partes estão bem ajustadas aos seus vários movimentos. No entanto, o anatomista, crítico na sua arte, pode observar que a curvatura de um determinado músculo não está perfeitamente correcta considerando a postura peculiar da figura. Aqui o anatomista observa aquilo que o pintor não tinha observado, e ignora aquilo em que o sapateiro tinha reparado. No entanto, a falta de conhecimento crítico fundamental em anatomia não se reflectiu mais no natural bom Gosto do pintor, ou de qualquer outro apreciador comum da sua peça, do que a falta de conhecimentos exactos sobre a construção de um sapato. Uma peça requintada que representava uma cabeça degolada de S. João Baptista foi mostrada a um imperador Turco. Ele elogiou muitos aspectos mas constatou um defeito. Observou que a pele não tinha encolhido na parte ferida do pescoço. Nesta ocasião, o Sultão, a despeito da sua observação ser muito justa, não revelou ter mais Gosto natural do que o pintor que executou a dita peça, ou do que mil conhecedores Europeus que provavelmente nunca teriam feito o mesmo reparo. Sua Majestade Turca, na verdade, tinha estado bastante bem familiarizada com aquele espectáculo terrível que os outros apenas teriam podido representar na sua imaginação. Existe uma diferença na crítica de todas estas pessoas, originada pelos diferentes tipos e graus do seu conhecimento; mas há um aspecto em comum no pintor, no sapateiro, no anatomista e no imperador Turco: o prazer causado por um objecto natural, desde que cada um perceba que é fielmente imitado; a satisfação ao ver uma figura agradável; a simpatia procedendo de um incidente marcante e empolgante. Na medida em que é natural, o Gosto é quase comum a todos os homens.

Na poesia, e em outras obras da imaginação, a mesma paridade pode ser observada. É verdade que um homem pode ficar encantado com *Don Bellianis*([8]) e ler Virgílio friamente, ao passo que outro é arrebatado pela Eneida e deixa *Don Bellianis* para as crianças. Estes dois homens aparentam ter um Gosto bastante diferente um do outro, mas na verdade diferem muito pouco. Em cada uma destas peças, que inspiram sentimentos tão opostos, é contado um enredo que suscita a admiração; ambas estão cheias de acção, ambas são apaixonadas, em ambas encontramos viagens, batalhas, triunfos e mudanças contínuas de fortuna. O admirador de *Don Bellianis* talvez não compreenda a linguagem refinada da Eneida. Mas se esta fosse desvir-

---

([8]) Burke referia-se, provavelmente, a: *The Famous and Delectable History of Don Bellienis of Greece* (1673). Tratava-se da versão inglesa, compilada por Francis Kirkman (1632-?1680), de um popular romance de cavalaria espanhol, de Geronimo Fernandez: *Historia del valeroso e invincible Principe don Belianis de Grecia*, Burgos, 1547-79.

tuada ao estilo do *Pilgrim's Progress*(⁹) poderia senti-la em toda a sua energia, de acordo com o mesmo princípio que o tornou um admirador de Don Bellianis.

Não o chocam, no seu autor favorito, as constantes violações das leis da probabilidade, os anacronismos, as ofensas às boas maneiras, o atropelo da geografia; pois ele nada sabe de geografia e cronologia, e nunca examinou as bases da probabilidade. Lê, por exemplo, acerca de um naufrágio na Costa da Boémia. Absorvido por tão interessante acontecimento, preocupado apenas com o destino do seu herói, não se deixa incomodar de todo por este erro extravagante. Porque haveria de ficar chocado com um naufrágio na Costa da Boémia se tanto quanto sabe a Boémia pode ser uma ilha no oceano Atlântico? E, afinal de contas, que implicações tem isto em relação ao natural bom Gosto da pessoa aqui suposta?

Assim, na medida em que o Gosto pertence à imaginação, o seu princípio é o mesmo em todos os homens e não há diferença no modo como são afectados, nem nas causas da afecção. Mas há uma diferença no *grau*, que deriva de duas causas principalmente. Ou de um grau maior de sensibilidade natural, ou de uma atenção mais cuidada e prolongada em relação ao objecto. Ilustrando isto como procedimento dos sentidos, onde encontramos a mesma diferença, suponhamos que uma mesa de um mármore muito liso é colocada perante dois homens. Ambos percebem que a mesa é lisa e ambos obtêm prazer devido a esta qualidade. Até aqui concordam. Mas suponhamos que é colocada perante eles outra mesa, e depois desta ainda outra, a última mais lisa que a anterior. Muito provavelmente, estes dois homens que estão tão de acordo sobre o que é liso e do prazer daí derivado, discordarão quando se dispuserem a decidir qual a mesa que está mais polida. Aqui reside, de facto, a grande diferença entre Gostos, que os homens comparem o excesso ou diminuição nas coisas em termos de grau e não de medida. Nem é fácil, quando tal diferença surge, resolver o diferendo, se o excesso ou diminuição não forem muito claros. Se a nossa

---

(⁹) Obra de John Bunyan (1628-1688) e clássico da literatura espiritual protestante britânica.

opinião divergir acerca de duas quantidades, podemos recorrer a uma medida comum, a qual pode decidir a questão com a mais elevada exactidão. E isto, julgo eu, é o que dá ao conhecimento matemático uma certeza maior do que qualquer outro. Mas nas coisas cujo excesso não é aferido em termos de maior ou de mais pequeno, como no caso da lisura e da rugosidade, da dureza e da macieza, da escuridão e da luz, das tonalidades das cores, podemos muito facilmente distinguir quando a diferença é considerável mas não quando é diminuta, devido à falta de algumas medidas comuns que, porventura, jamais serão descobertas. Nestes casos subtis, supondo que a acuidade do sentido é a mesma, terá vantagem quem tiver maior atenção e hábito destes assuntos. Na questão das mesas, o polidor de mármores será inquestionavelmente o mais rigoroso. Mas, independentemente desta falta de uma medida comum para dirimir muitas disputas relativas aos sentidos e à sua representante, a imaginação, concluímos que os princípios são os mesmos em todos, e a discordância não surge senão quando nos dispomos a examinar a preeminência e a diferença das coisas, o que nos coloca no âmbito da província do juízo.

Desde que estejamos familiarizados com as qualidades sensíveis das coisas, parece que apenas a imaginação está envolvida. Da mesma forma, pouco mais do que a imaginação parece estar envolvido quando as paixões são representadas. Porque elas são sentidas por todos os homens devido à força da simpatia natural e sem qualquer recurso ao raciocínio e a sua justeza é reconhecida em cada peito. O amor, o desgosto, o medo, a cólera, a alegria; estas paixões alguma vez afectaram cada mente e não de um modo arbitrário ou casual, mas de acordo com certos princípios naturais e uniformes. Mas, uma vez que muitas das obras da imaginação não se limitam à representação de objectos sensíveis, nem a mover as paixões, mas estendem-se aos costumes, aos caracteres, às acções e desígnios dos homens, às suas relações, às suas virtudes e vícios, cabem na província do juízo, o qual é aperfeiçoado pela atenção e pelo hábito de raciocinar. Todos estes aspectos constituem uma parte muito importante do que é considerado um objecto de Gosto. E para nossa instrução neles, Horácio manda-nos frequentar as escolas de filosofia e o mundo. Seja qual for o grau de certeza que se adquira na moralidade e na ciência da vida temos exactamente o mesmo grau de certeza no que diz respeito aos objectos representados nas obras da imitação. Na verdade, aquilo a que chamamos especificamente o Gosto consiste em grande medida na nossa familiaridade em relação aos costumes, no respeito pelo tempo e lugar e pela decência em geral, coisas que apenas podemos aprender nas escolas que Horácio nos recomenda. E, na realidade, é apenas um juízo mais refinado. De todo em todo, parece-me que aquilo a que chamamos Gosto, na sua aceitação mais geral, não é uma ideia simples, mas consiste parcialmente numa percepção dos prazeres primários dos sentidos, dos prazeres secundários da imaginação e das conclusões da faculdade de raciocinar, envolvendo as várias relações entre estes bem como as paixões, os costumes e as acções humanas. Todos estes aspectos são necessários para formar o Gosto, e a fundamentação deles é a mesma na mente humana; visto que os sentidos são os grandes originadores de todas as nossas ideias, e consequentemente de todos os nossos prazeres, caso não sejam incertos e arbitrários, os alicerces do Gosto são comuns a todas as pessoas, e, por conseguinte, há fundamento suficiente para um raciocínio conclusivo nestas matérias.

Se considerarmos o Gosto meramente em função da sua natureza e espécie, constataremos que os seus princípios são inteiramente uniformes. Mas o grau em que estes princípios prevalecem nos diversos indivíduos da humanidade é tão diferente quanto são semelhantes os próprios princípios. Pois a sensibilidade e o juízo, que são as qualidades que compõem aquilo que comummente designamos por Gosto, variam consideravelmente em diferentes pessoas. De um defeito na primeira destas qualidades provém uma falta de Gosto; uma fraqueza na última constitui um Gosto errado ou mau. Há homens formados com sentimentos tão grosseiros, com temperamentos tão frios e fleumáticos, que quase não se pode dizer que tenham estado despertos ao longo de toda a sua vida. Nestas pessoas, os objectos mais notáveis não provocam senão uma ténue e obscura impressão. Outras há tão continuamente agitadas pelos prazeres grosseiros e meramente sensuais, ou tão ocupadas pela servidão baixa da avareza, ou tão excitadas pela caça de honras e distinções, que o jogo delicado e refinado da imaginação quase não consegue mover as suas mentes habituadas aos vendavais destas paixões violentas e tempestuosas. Estes homens, embora por uma causa diferente, tornam-se tão estúpidos e insensíveis como os anteriores. Mas se eventualmente qualquer um deles for surpreendido por uma elegância ou grandiosidade naturais, ou por tais qualidades numa obra de arte, será afectado segundo o mesmo princípio.

A causa de um Gosto errado é um defeito no juízo. E este pode surgir de uma fraqueza natural no entendimento (seja qual for a força desta faculdade) ou, o que é muito mais comum, pode surgir de uma falta de exercício apropriado e bem dirigido, que é a única coisa capaz de dar ao entendimento força e prontidão. As paixões, bem como os vícios, a ignorância, a desatenção, os prejuízos, a precipitação, a leviandade, a obstinação, que pervertem o juízo noutros assuntos, não pervertem menos na sua província mais delicada e elegante. Estas causas produzem diferentes opiniões em relação a todas as coisas que são objectos para o entendimento, sem que nos levem, por isso, a supor que não há princípios estabelecidos da razão. E, de facto, em geral podemos constatar que, entre a humanidade, até há menos diferença em matérias de gosto, do que em relação às matérias que dependem da razão nua; e que os homens mais facilmente concordam quanto à excelência de uma descrição de Virgílio do que acerca da verdade ou falsidade de uma teoria de Aristóteles.

A rectidão no juízo sobre as artes, a que se pode chamar Bom Gosto, depende em grande medida da sensibilidade. Porque se a mente não tem inclinação para os prazeres da imaginação, nunca se aplicará ela própria suficientemente às obras desta espécie a ponto de adquirir um conhecimento competente nelas. Mas, apesar de ser necessário um certo grau de sensibilidade para formar um bom juízo, este não surge necessariamente de uma aguda sensibilidade ao prazer. Muitas vezes acontece que um fraco juiz, apenas em virtude de ser dotado de uma maior sensibilidade, é mais afectado por um obra muito má do que o melhor juiz pela obra mais perfeita. Pois, visto que uma coisa nova, extraordinária, grande, ou apaixonante tende a afectar uma tal pessoa, e que os defeitos não a afectam, o seu prazer é mais puro e sem mistura; e como é meramente um prazer da imaginação, é bastante mais elevado do que qualquer um que derive da rectidão do juízo. O juízo é, na maior parte dos casos, empregue em colocar obstáculos no caminho da imaginação, em dissipar as cenas dos seus encantamentos, e em aprisionar-nos ao jugo desagradável da nossa razão: pois praticamente o único prazer que o homem tem em julgar melhor do que outros, consiste numa espécie de orgulho e superioridade consciente que decorre de pensar rectamente. Mas, neste caso, trata-se de um prazer indirecto, que não resulta imediatamente do objecto que está a ser contemplado. Na aurora dos nossos dias, quando os sentidos são ingénuos e ternos, quando todas as nossas partes estão despertas, e o brilho da novidade está fresco nos objectos que nos rodeiam, quão vívidas são as nossas sensações, e quão falsos e imprecisos são os juízos que formamos das coisas! Perante as realizações mais excelentes do génio, desespero de alguma vez receber prazer no mesmo grau que senti, naquela idade, perante obras que o meu juízo presente considera banais e desprezíveis. Qualquer causa trivial de prazer é capaz de afectar um homem de compleição demasiado sanguínea: o seu apetite é demasiado intenso para que o seu Gosto possa ser delicado e é, em todos os aspectos, aquilo que Ovídio diz de si próprio quando está enamorado:

Meu coração é brando e vulnerável às feridas mais ligeiras
E sempre há um motivo para que eu esteja enamorado. ([10])

Alguém com este carácter jamais poderá ser um juiz refinado, nunca poderá ser aquilo que o poeta cómico chama *elegans formarum spectator*([11]). A excelência e força de uma composição nunca podem ser perfeitamente avaliadas a partir dos

---

([10]) Em latim no original: "*Molle meum levibus cor est violabile telis, / Et semper causa est, cur ego semper amem.*" (*Ovídio, Heroides,* 15.79-80).

([11]) "Um observador requintado da beleza." Esta expressão é retirada do seguinte verso: "quom ipsum me noris quam elegans formarum spectator siem?" (Terêncio, *Eunuchus*, I. 566)

seus efeitos sobre a mente de uma determinada pessoa, a não ser que conheçamos o seu temperamento e carácter. Os efeitos mais poderosos da poesia e da música manifestaram-se, e talvez ainda se manifestem, no estádio mais atrasado e imperfeito destas artes. O ouvinte rude é afectado pelos princípios que operam nestas artes, mesmo quando estas se encontram na sua condição mais primitiva; e não é suficientemente capaz de perceber os seus defeitos. Mas à medida que as artes se aperfeiçoam, a ciência da crítica avança a igual ritmo, e o prazer dos juízes é frequentemente interrompido pelos defeitos que são descobertos até nas composições mais acabadas.

Antes de abandonar este assunto não posso deixar de chamar a atenção para uma opinião seguida por muitas pessoas, segundo a qual o Gosto seria uma faculdade separada da mente, distinta do juízo e da imaginação, uma espécie de instinto pelo qual nós somos afectados naturalmente, e à primeira vista, sem qualquer raciocínio prévio acerca das excelências ou defeitos de uma composição. No que respeita à imaginação e às paixões, acredito ser verdade que a razão pouco é consultada. Já quanto à disposição, ao decoro, à congruência, em suma, sempre que o melhor Gosto difere do pior, estou convencido que somente o entendimento opera; e a sua operação ou não é imediata ou, quando é imediata, raramente é correcta. Os homens de melhor Gosto, frequentemente modificam estes juízos prematuros e precipitados, que a mente, avessa à neutralidade e à dúvida, gosta de formar no momento. É sabido que o Gosto (o que quer que seja) aperfeiçoa-se exactamente como o nosso juízo, através da extensão do conhecimento, por uma firme atenção em relação ao objecto, e pelo exercício frequente. Aqueles que não adoptaram estes métodos, se o seu Gosto decide rapidamente, é sempre de modo incerto. A sua rapidez deve-se à sua presunção e precipitação e não decorre de nenhuma súbita irradiação que num momento dissipe toda a obscuridade das suas mentes. Mas aqueles que cultivaram aquela espécie de conhecimento que constitui o objecto do Gosto, por graus e pelo hábito, alcançam não apenas uma clareza, mas uma rapidez de juízo, tal como acontece quando os mesmos métodos são usados em todas as outras circunstâncias.

A princípio, apenas conseguem soletrar, mas por fim lêem com facilidade e rapidez: mas esta rapidez da operação não constitui prova de que o Gosto seja uma faculdade distinta. Creio que qualquer pessoa que alguma vez tenha seguido uma discussão acerca de matérias pertencentes à esfera da mera razão nua, terá observado a extrema rapidez com que todo o processo de argumentação é conduzido, os fundamentos descobertos, as objecções levantadas e respondidas, e as conclusões derivadas de premissas, uma rapidez tão grande quanto a que supomos que caracteriza o Gosto. E, no entanto, dá-se num domínio onde apenas a simples razão opera ou podemos suspeitar que opera. Multiplicar princípios para cada diferente fenómeno é inútil e também muito pouco filosófico.

Esta matéria poderia ser levada muito mais longe. Mas não é a extensão do tema que deve prescrever os nossos limites, pois qual é o assunto cujo desenvolvimento não conduz até ao infinito? É a natureza da nossa abordagem particular, e a perspectiva em que iremos considerá-la, que devem colocar um ponto final nas nossas investigações.

PARTE I

SECÇÃO I
NOVIDADE

A curiosidade é a primeira e mais simples emoção que encontramos na mente humana. Por curiosidade entendo qualquer desejo que tenhamos pela novidade, ou qualquer prazer que dela derivemos. Vemos constantemente como as crianças correm de um lado para o outro à procura de uma coisa nova; como agarram com grande avidez, e pouca deliberação, o que quer que seja que se lhes apresente; como todas as coisas chamam a sua atenção, porque todas as coisas têm, neste estádio da vida, o encanto da novidade. Mas como aquelas coisas que chamam a nossa atenção apenas pela sua novidade não conseguem prendê-la por muito tempo, a curiosidade é a mais superficial de todas as afecções; muda constantemente de objecto; tem um apetite muito voraz, mas que facilmente é satisfeito; e tem sempre uma aparência de ligeireza, inquietação e ansiedade. Pela sua natureza própria, a curiosidade é um princípio muito activo; rapidamente percorre a maior parte dos seus objectos, e prontamente esgota a variedade que é costume encontrar na natureza; as mesmas coisas repetem-se frequentemente, e repetem-se com um efeito agradável cada vez menor. Em suma, os acontecimentos da vida, depois de a conhecermos um pouco, seriam incapazes de afectar a mente com quaisquer outras sensações para além da aversão e do enfado, se muitas outras coisas não fossem capazes de afectá-la por meio de outros poderes para além da sua novidade, e de outras paixões para além da nossa curiosidade. Estes poderes e paixões serão tidos em conta no momento devido. Mas sejam eles o que forem, ou seja qual for o princípio segundo o qual afectam a mente, é absolutamente necessário que nunca se exerçam em relação àquelas coisas que um uso quotidiano e comum tenha trazido a um estado de familiaridade gasto e indiferente. Qualquer instrumento capaz de agir sobre a mente deve ter como um dos seus componentes algum grau de novidade; e a curiosidade mistura--se mais ou menos com todas as nossas paixões.

SECÇÃO II
DOR E PRAZER

Parece, pois, ser necessário para mover a um qualquer grau digno de nota as paixões das pessoas a partir de uma certa idade, que os objectos destinados a esse propósito sejam capazes de causar dor e prazer por outras razões para além do facto de serem em alguma medida novos. A dor e o prazer são ideias simples, incapazes de definição([12]). É pouco provável que as pessoas se enganem em relação aos seus sentimentos, mas enganam-se frequentemente nos nomes que lhes atribuem e nos seus raciocínios acerca deles. Muitos pensam que a dor surge necessariamente da remoção de algum prazer; e pensam também que o prazer surge da cessação ou diminuição de alguma dor. Por mim, inclino-me a imaginar que a dor e o prazer, no modo mais simples e natural como nos afectam, têm cada um deles uma natureza positiva e de modo nenhum a existência de um depende da existência do outro. Muitas vezes, julgo até que a maior parte das vezes, a mente humana encontra-se num estado que não é nem prazer nem dor, a que chamo um estado de indiferença. Quando deste estado sou transportado para

---

([12]) John Locke, *Ensaio sobre o Entendimento Humano*, II. Vii., 144.

um outro de prazer efectivo, não parece ser necessário que eu passe pela mediação de qualquer espécie de dor. Se num tal estado de indiferença, ou bem-estar, ou tranquilidade, como quer que lhe chamemos, fossemos subitamente entretidos com um concerto musical; ou suponhamos que um objecto com uma bela forma e cores brilhantes e vivas nos é apresentado; ou imaginemos que o nosso olfacto é gratificado com a fragrância de uma rosa; ou que, sem sentir sede, bebemos um vinho agradável; ou que provamos um doce sem termos fome; em relação a todos os sentidos, audição, olfacto, e gosto, experimentamos, sem dúvida, um prazer; mas se perguntarmos pelo nosso estado mental anterior a estas gratificações, dificilmente diremos que experimentávamos um qualquer estado de dor; ou diríamos que, tendo satisfeito estes vários sentidos com os seus vários prazeres, estes foram seguidos por qualquer dor, embora o prazer tenha terminado completamente? Suponhamos, por outro lado, que um homem no mesmo estado de indiferença recebe um golpe violento, ou bebe uma poção amarga, ou tem os seus ouvidos feridos por um som áspero e arrepiante; neste caso não há qualquer remoção de prazer; e, no entanto, sente--se uma dor bastante distinta em cada sentido afectado. Pode talvez dizer-se que a dor nestes casos surge da remoção do prazer que o homem sentia anteriormente, embora esse prazer fosse de grau tão baixo que apenas a sua remoção permitiu percebê-lo. Mas isto parece-me ser uma subtileza que não pode ser descoberta na natureza. Pois se, antes da dor, eu não sinto qualquer prazer efectivo, não tenho qualquer razão para pensar que tal prazer exista; já que o prazer só é prazer se for sentido. O mesmo pode dizer-se da dor e com igual razão. Não consigo persuadir-me de que o prazer e a dor são meras relações que apenas existem na medida em que são contrastadas uma com a outra: antes penso ser capaz de discernir claramente que há prazeres e dores positivos que de maneira nenhuma dependem uns dos outros. Nada é para mim mais seguro do que isto. Não há nada que eu consiga distinguir com mais clareza na minha mente do que os três estados, de indiferença, de prazer e de dor. Consigo perceber cada um destes estados sem ter qualquer ideia da sua relação com qualquer outra coisa. Caio sofre uma cólica; este homem sente efectivamente dor; submetamos Caio à tortura e ele sentirá uma dor muito maior; mas será que esta dor da tortura surge da remoção de um qualquer prazer? Ou será que o ataque de cólica é um prazer ou uma dor consoante nos convenha considerá-lo?

SECÇÃO III
A DIFERENÇA ENTRE A REMOÇÃO DA DOR E O PRAZER POSITIVO

Levaremos esta proposição ainda mais longe. Atrever-nos--emos a propor que a dor e o prazer não só não dependem necessariamente da sua recíproca diminuição ou remoção para existirem, mas que, na realidade, a diminuição ou cessação do prazer não opera como uma dor positiva; e que a remoção ou diminuição da dor tem no seu efeito muito pouca semelhança com o prazer positivo(*). A primeira destas proposições será, creio eu, muito mais facilmente aceite do que a segunda; porque é muito evidente que o prazer, uma vez esgotado, deixa-nos num estado muito próximo daquele em que nos encontrou. O prazer de qualquer espécie rapidamente satisfaz; e, quando acaba, regressamos a um estado de indiferença, ou antes, caímos num estado de tranquilidade suave, tingida da cor agradável da sensação anterior. Concedo que à primeira vista não é muito evidente que a remoção de uma grande dor não se assemelha a um prazer positivo: mas recordemos o estado em que se encontram as nossas mentes quando escapamos de um perigo iminente ou quando somos libertados da severidade de uma dor cruel. Nestas ocasiões constatamos, se não me engano, que a disposição das nossas mentes é muito diferente da que

---

(*) O Senhor Locke [*Ensaio sobre o Entendimento Humano*, I.2.c.20. secção 16] pensa que a remoção ou diminuição da dor é considerada e opera como um prazer, e que a perda ou diminuição de um prazer opera como uma dor. É esta opinião que aqui consideramos.

acompanha a presença de um prazer positivo; encontramo-las num estado de muita sobriedade, impressionadas com uma sensação de assombro, numa espécie de tranquilidade toldada de horror. O aspecto do semblante e a postura do corpo nestas ocasiões correspondem de tal modo a este estado mental que qualquer pessoa, mesmo que desconheça a causa deste fenómeno, veria em nós o efeito de uma consternação e não de alguma coisa semelhante a um prazer positivo.

Tal como quando sobrevem denso desvario ao homem
Que na sua pátria mata outro e foge para casa de estrangeiros,
Para casa de um homem rico, e o espanto domina quem o vê.([13])

Tal como um desgraçado que, consciente do seu crime,
Perseguido por homicídio foge da sua terra natal,
Alcança uma fronteira, sem fôlego, pálido, espantado;
Todo olhar, todo assombro!([14])

Esta aparência impressionante do homem que Homero supõe ter escapado por um triz a um perigo iminente, a espécie de paixão mista de terror e surpresa com a qual afecta os espectadores, pinta de forma poderosa o modo como nós próprios somos afectados em ocasiões que de alguma maneira se assemelham a esta. Pois quando nós sofremos uma emoção violenta, a mente naturalmente mantém-se numa condição semelhante depois da causa que originalmente produziu o efeito

---

[13] Tradução de Frederico Lourenço, in Homero, *Odisseia*, Lisboa, Cotovia, 2003. Em grego no original:
ὡς δ' ὅτ' ἂν ἄνδρ' ἄτη πυκινὴ λάβῃ, ὅς τ' ἐνὶ πάτρῃ
φῶτα κατακτείνας ἄλλων ἐξίκετο δῆμον,
ἀνδρὸς ἐς ἀφνειοῦ, θάμβος δ' ἔχει εἰσορόωντας,
(Homero, *Ilíada*, XXIV, 480-482)

[14] Versão inglesa de Pope:
As when a wretch, who conscious of His crime,
Pursued for murder, from his native clime,
Just gains some frontier, breathless, pale amaz'd;
All gaze, all wonder!
(Pope, *Iliad*, xxiv, 590-3 ['...murder, flies his...'])

ter deixado de operar. A agitação do mar permanece depois da tempestade; e quando este resto de horror desaparece completamente, a paixão que o incidente despertou desaparece com ele; e a mente regressa ao seu estado habitual de indiferença. Em suma, penso que o prazer (quero dizer, algo que, seja na sensação interna, seja na aparência externa, se assemelhe ao prazer originado por uma causa positiva) nunca tem a sua origem na remoção da dor ou do perigo.

SECÇÃO IV
DO DELEITE E DO PRAZER, ENQUANTO OPOSTOS

Mas deveremos portanto dizer que a remoção da dor ou a sua diminuição é sempre simplesmente dolorosa? Ou afirmar que a cessação ou diminuição do prazer é sempre acompanhada de um prazer? De modo nenhum. O que proponho não é mais do que isto; primeiro, que há prazeres e dores de natureza positiva e independente; e, em segundo lugar, que a sensação que resulta da cessação ou diminuição da dor não tem uma semelhança suficiente com o prazer positivo para que possamos considerá-la como tendo a mesma natureza, ou para que possa ser conhecida pelo mesmo nome; e, em terceiro lugar, que com base no mesmo princípio, a remoção ou qualificação do prazer não tem qualquer semelhança com a dor positiva. É verdade que a sensação anterior (a remoção ou moderação da dor) contém algo que está longe de ser perturbador ou desagradável na sua natureza. Esta sensação, em muitos casos tão agradável, mas afinal tão diferente do prazer positivo, não tem, tanto quanto sei, um nome; mas isto não impede que seja muito real e muito diferente de todas as outras. É evidente que qualquer tipo de satisfação ou prazer, por mais diversa que seja a maneira como nos afecta, tem uma natureza positiva na mente de quem a experimenta. A afecção é, sem dúvida, positiva; mas a causa pode ser, como neste caso certamente é, uma espécie de *privação*. E é muito razoável que usemos algum termo para distinguir duas coisas na sua natureza tão distintas como um prazer que é tal simplesmente, sem qualquer relação, e um prazer que não pode existir sem uma relação com a dor. Seria muito extraordinário que estas afecções, tão diferentes nos seus efeitos, fossem confundidas uma com a outra apenas porque o uso vulgar as colocou sob a mesma categoria genérica. Sempre que tiver ocasião de falar deste tipo de prazer relativo, chamar--lhe-ei *deleite*; e terei o maior cuidado que puder para usar a palavra apenas neste sentido. Sei que a palavra não é normalmente usada com este significado apropriado; mas penso que é melhor usar uma palavra já conhecida e limitar o seu significado, em vez de introduzir uma nova que talvez não se incorporasse tão bem na nossa linguagem. Nunca me atreveria à mais pequena alteração das nossas palavras não fora tal de certo modo tornado necessário pela natureza da nossa linguagem, formada para as finalidades dos negócios e não da filosofia, e pela natureza do meu assunto, que me desvia dos percursos normais do discurso. Usarei esta liberdade com toda a cautela possível. Do mesmo modo que uso a palavra *deleite* para expressar a sensação que acompanha a remoção da dor ou do perigo; quando falar do prazer positivo chamar-lhe-ei, na maior parte das vezes, simplesmente *prazer*.

SECÇÃO V
ALEGRIA E DESGOSTO

Deve ser dito que a cessação do prazer afecta a mente de três maneiras diferentes. Se o prazer simplesmente cessa, depois de ter tido uma duração adequada, o efeito é a *indiferença*; se for abruptamente interrompido, segue-se uma sensação desagradável chamada *desilusão*; se o objecto tiver sido irrecuperavelmente perdido, surge na mente uma paixão chamada *desgosto*. Nenhuma destas paixões, incluindo o desgosto, que é a mais violenta, tem qualquer semelhança com uma dor positiva.

A pessoa que sente desgosto permite que a sua paixão se apodere dela; abandona-se a ela, compraz-se nela; mas isto nunca acontece no caso de uma dor efectiva, que nunca é suportada de bom grado por ninguém durante muito tempo. Não é assim tão difícil compreender por que razão o desgosto, estando longe de ser uma sensação agradável, é suportado voluntariamente. É próprio do desgosto considerar constantemente o seu objecto, apresentá-lo nas suas perspectivas mais agradáveis, repetir todas as circunstâncias que o acompanharam, até à mais pequena minúcia; regressar a cada gozo particular, divagar sobre cada um e encontrar nele mil novas perfeições que antes não tinham sido suficientemente compreendidas; no *desgosto* o prazer ainda domina; e a aflição que sofremos não tem qualquer semelhança com a dor absoluta, que é sempre odiosa e que tentamos dissipar o mais rapidamente possível. Das muitas imagens naturais e impressionantes da Odisseia de Homero, as mais impressionantes são aquelas com que Menelau descreve o destino funesto dos seus amigos e os seus próprios sentimentos. Ele admite, de facto, que muitas vezes se permite uma interrupção nessas reflexões melancólicas, mas observa também que, embora melancólicas, elas lhe dão prazer:

> *E embora por todos eles eu chore e me lamente*
> *Muitas vezes, sentado aqui no nosso palácio –*
> *Ora deleitando o meu espírito com o pranto,*
> *Ora parando, pois depressa se chega ao limite do choro*([15])

([15]) Versão portuguesa: Homero, *Odisseia*, tradução de Frederico Lourenço, Cotovia, Lisboa, 2003. Em grego no original:
 Ἀλλ᾽ ἔμπης πάντας ὀδυρόμενος καὶ ἀχεύων
 Πολλάκις ἐν μεγάροισι καθήμενος ἡμετέροισι,
 Ἄλλοτε μέν τε γόῳ φρῆνα τέρπομαι, ἄλλοτε δ᾽ αὖτε
 Παύομαι. Αἰφηρὸς δὲ κόρος κρυεροῖο γόοιο.
 (Homero, *Odisseia*, IV.100-103.)

No entanto, em pequenos intervalos de doce pesar,
Respeitador dos deveres de amizade que reconheço,
Aos mortos gloriosos, para sempre caros,
Permito-me o tributo de uma lágrima grata.([16])

Por outro lado, quando recuperamos a nossa saúde, quando escapamos a um perigo iminente, é alegria o que nos afecta? O que sentimos nestas ocasiões está longe daquela satisfação suave e voluptuosa concedida pela perspectiva segura do prazer. O deleite que emerge das modificações da dor revela a fonte de onde surgiu na sua natureza sólida, forte e severa.

SECÇÃO VI
DAS PAIXÕES QUE PERTENCEM À AUTO-PRESERVAÇÃO

A maior parte das ideias capazes de causar uma impressão poderosa na mente, seja simplesmente o prazer ou a dor ou alguma modificação destes, podem ser aproximadamente reduzidas a estas duas categorias, *auto-preservação* e *sociedade*, aos fins de uma e outra, que todas as nossas paixões visam realizar. As paixões que dizem respeito à auto-preservação têm principalmente a ver com a *dor* ou o *perigo*. As ideias de *dor, doença*, e *morte*, enchem a mente com sensações poderosas de horror; mas a *vida*, e a *saúde*, embora nos tornem capazes de sermos afectados pelo prazer, não causam esta impressão pelo simples

---

([16]) Em inglês no original, na versão de Pope, cuja numeração não coincide com a edição crítica aqui usada:
Still in short intervals of pleasing *woe,*
Regardful of the friendly dues I owe,
I to the glorious dead, for ever dear,
Indulge *the tribute of a* grateful *tear.*
(Pope, *Odyssey*, iv, 127-30.)
Versão portuguesa: Homero, *Odisseia*, Tradução de Frederico Lourenço, Cotovia, Lisboa, 2003.

facto de as possuirmos. Logo, as paixões que dizem respeito à preservação do indivíduo têm a ver principalmente com a *dor* e o *perigo*, e são as paixões mais poderosas de todas.

SECÇÃO VII
DO SUBLIME

Tudo o que de algum modo seja capaz de excitar as ideias de dor e de perigo, isto é, tudo o que seja de alguma maneira terrível, ou que diga respeito a objectos terríveis, ou que opere de uma forma análoga ao terror, é uma fonte de *sublime*; isto é, produz a emoção mais forte que a mente é capaz de sentir. Digo a emoção mais forte porque sei que as ideias de dor são muito mais poderosas do que aquelas que fazem parte do prazer. Sem qualquer dúvida, os tormentos que podemos sofrer têm efeitos muito mais poderosos sobre a mente e o corpo do que qualquer prazer que o voluptuoso mais ilustrado seja capaz de sugerir, ou que a imaginação mais viva e o corpo mais saudável e refinadamente sensível sejam capazes de experimentar. Tenho até muitas dúvidas de que alguém possa ter uma vida perfeitamente satisfeita à custa de a terminar nos tormentos que a justiça infligiu em poucas horas ao mais recente infeliz regicida em França. Mas assim como a dor é mais forte na sua operação do que o prazer, também a morte é em geral uma ideia muito mais perturbadora do que a dor; porque há muito poucas dores, por mais extremas que possam ser, que não sejam preferíveis à morte; mais ainda, aquilo que em geral torna a própria dor, se me é permitido dizê-lo, mais dolorosa, é o facto de ela ser considerada uma emissária deste reino de terrores. Quando o perigo ou a dor estão próximos, são incapazes de nos causar qualquer deleite e são simplesmente terríveis; mas a alguma distância e com algumas modificações eles podem ser e são deleitosos, como nos mostra a experiência diária. Tentarei a partir de agora investigar a causa disto.

SECÇÃO VIII
DAS PAIXÕES QUE PERTENCEM À SOCIEDADE

A outra categoria sob a qual classifiquei as nossas paixões é a da *sociedade*, que pode ser dividida em dois tipos. A sociedade dos *sexos*, que responde aos propósitos da propagação; e a *sociedade mais geral*, que temos com os homens e com outros animais, e que em certo sentido se pode dizer que temos até mesmo com o mundo inanimado. As paixões que pertencem à preservação do indivíduo dizem respeito totalmente à dor e ao perigo; as que pertencem à *geração* têm a sua origem nas gratificações e *prazeres*; o prazer que mais directamente pertence a este propósito tem um carácter vivo, arrebatador e violento e é reconhecidamente o mais forte dos prazeres dos sentidos; no entanto, a ausência deste gozo tão grande quase não chega a ser um incómodo; e, com excepção de ocasiões particulares, penso que nem sequer nos afecta. Quando as pessoas descrevem o modo como são afectadas pela dor e pelo perigo, não se demoram no prazer da saúde e no conforto da segurança, lamentando depois a *perda* destas satisfações: o que importa são as dores e horrores que de facto são experimentadas. Mas se ouvirmos as queixas de um amante abandonado, observamos que ele insiste principalmente nos prazeres que gozou ou esperou gozar e na perfeição do objecto dos seus desejos; é a *perda* que ocupa o lugar principal nos seus pensamentos. Os efeitos violentos produzidos pelo amor, que por vezes até se transforma em loucura, não constituem objecção à regra que procuramos estabelecer. Quando as pessoas permitem que a sua imaginação seja por muito tempo afectada por uma ideia, ela de tal modo ocupa a sua atenção que gradualmente elimina qualquer outra ideia e destrói qualquer limitação da mente que poderia confiná-la. Qualquer ideia serve para este propósito, como se prova pela infinita variedade de causas que dão origem à loucura; mas isto apenas prova que a paixão do amor é capaz de produzir efeitos muito extraordinários e não que as suas emoções extraordinárias tenham alguma coisa a ver com a dor positiva.

SECÇÃO IX

A CAUSA FINAL OU A DIFERENÇA ENTRE AS PAIXÕES QUE PERTENCEM À AUTO-PRESERVAÇÃO E AS QUE DIZEM RESPEITO À SOCIEDADE DOS SEXOS

A causa final da diferença de carácter entre as paixões que dizem respeito à auto-preservação e aquelas que se dirigem à multiplicação da espécie ilustrarão mais ainda as observações anteriores; e ela é, creio, digna de observação por direito próprio. Uma vez que a realização dos nossos deveres de todo o tipo depende da vida, e a sua realização com vigor e eficácia depende da saúde, somos muito fortemente afectados por tudo o que ameace destruir qualquer delas; mas uma vez que não fomos feitos para aceitar simplesmente a vida e a saúde, o mero gozo delas não é acompanhado de qualquer prazer real, para que não nos entreguemos à indolência e à inacção em virtude dessa satisfação. Por outro lado, a geração da humanidade é um grande propósito e é necessário que as pessoas sejam motivadas para ela por um grande incentivo. Por isso é acompanhada de um grande prazer; mas uma vez que de modo nenhum foi concebida para ser a nossa ocupação constante, não é adequado que a ausência deste prazer deva ser acompanhada de uma grande dor. A diferença entre os homens e os outros animais a este respeito parece ser notável. Os homens estão sempre igualmente dispostos para os prazeres do amor, porque a razão deve guiá-los quanto à ocasião e ao modo como devem entregar-se a eles. Se uma grande dor surgisse da falta desta satisfação, receio bem que a razão iria encontrar grandes dificuldades na realização da sua função. Mas os outros animais, que obedecem a leis para a execução das quais a sua razão pouco participa, têm as suas estações determinadas; nessas alturas não é improvável que a sensação de falta seja muito perturbadora, porque o fim tem que ser satisfeito ou não será atingido, talvez para sempre; uma vez que a inclinação só regressa com a estação.

SECÇÃO X
DA BELEZA

A paixão que pertence à geração, considerada meramente enquanto tal, é apenas luxúria; isto é evidente nos animais, cujas paixões são mais homogéneas e que perseguem os seus propósitos de uma forma mais directa do que nós. A única distinção que eles fazem quanto aos seus parceiros é a do sexo. É verdade que os animais se mantêm estritamente nos limites da sua própria espécie, de preferência a qualquer outra. Mas creio que esta preferência não surge de um qualquer sentido da beleza que encontram na sua espécie, como supõe o Senhor Addison, mas antes de um outro tipo de lei a que estão sujeitos; o que podemos justamente concluir da aparente ausência de escolha entre aqueles objectos a que as barreiras da sua espécie os confinaram. Mas o homem, que é uma criatura adaptada a relações mais variadas e complexas, associa a esta paixão genérica a ideia de qualidades *sociais* que dirigem e aumentam o apetite que partilha com os restantes animais; e uma vez que não foi como eles concebido para viver à solta, é apropriado que deva ter algo com que criar uma preferência e fixar a sua escolha; e geralmente isto deve ser uma qualidade sensível; uma vez que nenhuma outra é capaz de produzir o seu efeito de forma tão rápida, poderosa e segura. O objecto, pois, desta paixão mista a que chamamos amor é a *beleza* do *sexo*. Os homens são atraídos pelo sexo em geral, apenas como tal, e em função de uma lei comum da natureza; mas afeiçoam-se a seres particulares por causa da *beleza* pessoal. Digo que a beleza é uma qualidade social; pois quando as mulheres e os homens, e não apenas eles mas também outros animais, nos dão uma sensação de alegria e prazer na sua contemplação (e há muitos que o fazem), inspiram em nós sentimentos de ternura e afeição em relação a eles; gostamos de os ter perto de nós, e de bom grado entramos num tipo de relação com eles, a não ser que tenhamos razões fortes em contrário. Mas não sou capaz de descobrir para que fim é que, em muitos casos, este fenómeno foi concebido: pois não vejo maior razão para uma conexão entre o homem e diversos animais que se apresentam de maneira tão atraente do que para uma conexão entre ele e outros que não possuam este atractivo ou que o possuam num grau muito menor. Mas é provável que a providência não tenha feito esta distinção sem visar um grande fim, embora nós não sejamos capazes de perceber distintamente em que consiste, já que não possuímos nem a sua sabedoria nem os seus meios.

SECÇÃO XI

SOCIEDADE E SOLIDÃO

O segundo ramo das paixões sociais é aquele que diz respeito à *sociedade em geral*. Quanto a isto, observo que a sociedade, meramente enquanto tal, sem quaisquer relevos particulares, não nos dá qualquer prazer positivo quando a gozamos; mas a *solidão* completa e absoluta, isto é, a exclusão total e perpétua de toda a sociedade, é uma das maiores dores positivas que somos capazes de conceber. Logo, quando comparamos o prazer da *sociedade* em geral com a dor da solidão absoluta, a *dor* é a ideia predominante. Mas o prazer de qualquer gozo social particular ultrapassa bastante a perturbação causada pela falta desse gozo particular; de modo que as sensações mais poderosas que dizem respeito aos hábitos da *sociedade particular* são sensações de prazer. A boa companhia, as conversas animadas, e os laços da amizade enchem a mente de grande prazer; uma solidão temporária, por outro lado, é em si mesma agradável. Isto talvez prove que somos criaturas concebidas tanto para a contemplação como para a acção; uma vez que tanto a solidão como a sociedade têm os seus prazeres; tal como a partir da observação anterior podemos discernir que uma vida inteira de solidão é contrária aos propósitos do nosso ser, já que nem a própria morte nos causa terror maior.

SECÇÃO XII
SIMPATIA, IMITAÇÃO E AMBIÇÃO

As paixões abrangidas por esta designação de sociedade são de um tipo complicado e ramificam-se numa variedade de formas que agrada àquela variedade de fins que elas devem servir na grande cadeia da sociedade. Os três elos principais nesta cadeia são a simpatia, a imitação e a ambição.

SECÇÃO XIII
SIMPATIA

É através da primeira destas paixões que partilhamos as preocupações dos outros; que somos afectados como eles; e que nunca podemos ser espectadores indiferentes de quase tudo o que um homem possa fazer ou sofrer. Pois a simpatia deve ser considerada como uma espécie de substituição através da qual nos colocamos no lugar de outra pessoa e somos afectados, sob alguns aspectos, da mesma maneira que ela; de modo que esta paixão tanto pode participar da natureza daquelas que dizem respeito à auto-preservação, e tendo a ver com a dor pode ser uma fonte de sublime; ou pode ter a ver com ideias de prazer; e então, tudo o que já foi dito acerca dos afectos sociais, seja que digam respeito à sociedade em geral ou apenas a algum modo particular dela, pode ser aqui aplicado. É principalmente por causa deste princípio que a poesia, a pintura, e outras artes afectivas transferem as suas paixões de um peito para outro e são muitas vezes capazes de enxertar um deleite na infelicidade, na miséria, e até na morte. É uma observação comum que aqueles objectos que na realidade chocariam são nas representações trágicas e outras a fonte de um prazer de tipo muito elevado. Esta observação, aceite como um facto, tem sido a causa de muitos argumentos. Normalmente a satisfação é atribuída, em primeiro lugar, ao conforto que sentimos quando consideramos que uma história triste não é mais do que uma ficção; e, em seguida, à contemplação do facto de não estarmos sujeitos aos mesmos males que vemos representados. Temo que seja uma prática demasiado comum em investigações desta natureza atribuir a causa das sensações que têm origem simplesmente na estrutura mecânica dos nossos corpos, ou na estrutura e constituição naturais da nossa mente, a certas conclusões da nossa faculdade de raciocínio acerca dos objectos que nos são apresentados; pois imagino que a influência da razão na produção das nossas paixões esteja muito distante daquilo que normalmente se pensa.

SECÇÃO XIV

OS EFEITOS DA SIMPATIA
PELOS INFORTÚNIOS DOS OUTROS

Para examinar a questão relativa ao efeito da tragédia de forma adequada devemos primeiro considerar como somos afectados pelos sentimentos dos nossos semelhantes em circunstâncias de real aflição. Estou convencido de que sentimos um grau de deleite, que não é muito pequeno, perante as desgraças e dores reais das outras pessoas; pois tenha este afecto a aparência que tiver, se ele não faz com que nos afastemos desses objectos, se, antes pelo contrário, ele nos induz a aproximar--nos deles e a dar-lhes atenção, neste caso concebo que devemos sentir um deleite ou prazer de alguma espécie ao contemplarmos objectos deste tipo. Não lemos as histórias autênticas de cenas desta natureza com tanto prazer como os romances ou poemas cujos incidentes são fictícios? Não há prosperidade de um império, nem grandeza de um rei que sejam capazes de nos afectar tão agradavelmente quando lemos acerca delas como a ruína do estado da Macedónia e a desgraça do seu infeliz príncipe. Esta é uma catástrofe que nos emociona na história tanto quanto a destruição de Tróia nos emociona na fábula. O nosso deleite em casos deste tipo é bastante aumentado se o sofredor for uma pessoa excelente que se afunda sob um infortúnio que não merece. Cipião e Catão são ambos personagens virtuosos; mas somos mais profundamente afectados pela morte violenta do primeiro, e pela ruína da grande causa a que aderiu, do que pelos merecidos triunfos e constante prosperidade do segundo; pois o terror é uma paixão que sempre provoca deleite quando não nos ameaça de muito perto, e a piedade é uma paixão acompanhada do prazer, porque tem a sua origem no amor e na afeição social. Sempre que tenhamos sido por natureza formados para qualquer propósito activo, a paixão que nos anima a persegui-lo é acompanhada de deleite, ou de um prazer de algum tipo, seja qual for o assunto em causa; e uma vez que o nosso criador nos concebeu de modo a estarmos unidos pelo laço da simpatia, ele fortaleceu este laço com um deleite proporcional; e fê-lo aí onde a nossa simpatia é mais necessária, perante a desgraça dos outros. Se esta paixão fosse simplesmente dolorosa, teríamos o maior cuidado em manter distância de todas as pessoas e lugares que pudessem excitá-la; tal como de facto fazem algumas pessoas que são tão indolentes que não suportam qualquer impressão forte. Mas para a grande maioria da humanidade o caso é muito diferente; não há espectáculo que tão avidamente procuremos como o de uma calamidade grave e excepcional; de tal modo que, esteja a desgraça perante os nossos olhos ou estejam estes a vê-la no passado histórico, ela afecta-nos sempre com deleite. Não se trata de um deleite simples, antes misturado com uma pequena incomodidade. O deleite experimentado perante coisas como estas impede-nos de nos afastarmos de cenas de miséria; e a dor que sentimos impele-nos a aliviar aqueles que sofrem; e tudo isto antes de qualquer raciocínio, por um instinto que nos faz agir segundo os seus próprios desígnios, sem a nossa colaboração.

SECÇÃO XV

DOS EFEITOS DA TRAGÉDIA

É assim quanto às calamidades reais. Quanto àquelas desgraças que são imitações, a única diferença é o prazer que resulta dos efeitos da imitação; pois esta nunca é tão perfeita que não sejamos capazes de perceber que é uma imitação e de acordo com este princípio ela de algum modo agrada-nos. E, de facto, em alguns casos retiramos tanto ou mais prazer desta fonte do que da própria coisa. Mas penso que nos enganaríamos muito se atribuíssemos qualquer parte importante da nossa satisfação com a tragédia à consideração de que a tragédia é um engano, e que as coisas representadas nela não são realidades. Quanto mais se aproxima da realidade e quanto mais nos afasta de qualquer ideia de ficção, tanto mais perfeito é o seu poder. Mas seja qual for o tipo de poder que ela possui, nunca se aproxima daquilo que representa. Escolhamos um dia para representar a tragédia mais sublime e comovente à nossa disposição; designemos os actores mais populares; não olhemos a gastos na encenação e decoração; unamos os grandes esforços da poesia, da pintura e da música; e quando tivermos reunido o nosso público, exactamente no momento em que as suas mentes estiverem tensas de expectativa, divulguemos a notícia de que um criminoso de estado de extracção elevada está prestes a ser executado na praça ao lado; num ápice o teatro esvaziado demonstraria a fraqueza relativa das artes imitativas e proclamaria o triunfo da simpatia real. Creio que esta noção de que sentimos uma dor simples na realidade mas um deleite na representação, tem origem no facto de não distinguirmos suficientemente aquilo que nunca faríamos de modo nenhum daquilo que teríamos bastante vontade de ver se fosse feito. Gostamos de ver coisas que estamos longe de querer fazer e que até desejaríamos veementemente reparar. Penso que ninguém é tão excepcionalmente malvado que deseje ver destruída, por uma conflagração ou por um terramoto, esta capital que é o orgulho da Inglaterra e da Europa, ainda que estivesse bem longe do perigo. Mas suponhamos que um acidente fatal como este tivesse acontecido, que multidão não acorreria de todos os lados para ver as ruínas e no meio dela muitos que não se importariam de nunca ter visto Londres em toda a sua glória? E também não é a nossa imunidade às desgraças, sejam reais ou fictícias, que produz o nosso deleite; na minha própria mente não consigo descobrir nada de semelhante. Receio que este erro se deva a uma espécie de sofisma, para o qual tendemos muitas vezes; ele tem origem no facto de não distinguirmos entre o que realmente é uma condição necessária para fazermos ou sofrermos algo em geral e a *causa* de um acto particular. Uma condição necessária para que um homem me mate com uma espada é que ambos estivéssemos vivos antes deste facto; e no entanto seria absurdo dizer que o facto de sermos ambos criaturas vivas foi a causa do crime dele e da minha morte. Logo, é verdade que é absolutamente necessário que a minha vida esteja a salvo de qualquer perigo iminente para que eu possa sentir qualquer deleite face ao sofrimento, real ou imaginário, dos outros. E isto é aliás verdadeiro para que eu possa sentir deleite em qualquer coisa e seja qual for a causa. Mas o que é um sofisma é argumentar a partir daqui que esta imunidade é a causa do meu deleite seja nesta, seja em qualquer ocasião. Creio que ninguém é capaz de distinguir na sua própria mente uma tal causa; quando não sofremos qualquer dor aguda, nem estamos expostos a qualquer perigo iminente, conseguimos sofrer pelos outros, quando nós próprios sofremos; e muitas vezes então sofremos mais quando estamos amolecidos pela aflição; vemos com piedade até aquelas desgraças que aceitaríamos em vez das nossas.

SECÇÃO XVI

IMITAÇÃO

A segunda paixão que pertence à sociedade é a imitação, ou, se preferirem, um desejo de imitar e, consequentemente, um prazer na imitação. Esta paixão tem origem na mesma causa que a simpatia. Pois tal como a simpatia faz com que seja para nós importante tudo quanto os homens podem sentir, também esta afeição nos impele a copiar tudo quanto possam fazer; e, consequentemente, temos prazer em imitar e em tudo o que diga respeito à imitação em si mesma, sem qualquer intervenção da faculdade do raciocínio, mas apenas em virtude da nossa constituição natural, que a providência estabeleceu de tal maneira que sentimos prazer ou deleite, de acordo com a natureza do objecto, no que quer que seja que diga respeito aos propósitos do nosso ser. É através da imitação, muito mais do que através de lições, que aprendemos cada coisa; e as coisas que assim aprendemos são adquiridas não apenas com mais eficácia, mas também com mais prazer. A imitação forma as nossas maneiras, as nossas opiniões, as nossas vidas. É um dos mais fortes elos sociais; é uma espécie de deferência mútua que todos os homens prestam uns aos outros, sem constrangimento para si próprios, e que é extremamente lisonjeira para todos. A imitação é um dos principais fundamentos do poder da pintura e de muitas outras artes agradáveis. E uma vez que a sua influência sobre as nossas maneiras e paixões é tão grande, atrevo-me aqui a estabelecer uma regra que nos poderá informar com um bom grau de certeza sobre quando devemos atribuir o poder das artes à imitação, ou apenas ao prazer que nos causa a perícia do imitador, ou à simpatia, ou a alguma outra causa em conjunção com esta. Quando o objecto representado pela poesia ou pela pintura é tal que não seríamos capazes de ter qualquer desejo de vê-lo na realidade; então, podemos ter a certeza de que o seu poder na poesia ou na pintura se deve ao poder da imitação e não a qualquer causa que opere na própria coisa. É o que se passa com a maior parte das obras a que os pintores chamam naturezas mortas. Nestas um casebre, um monte de esterco, os utensílios de cozinha mais comuns e humildes, conseguem dar-nos prazer. Mas quando o objecto do quadro ou do poema é tal que correríamos a vê-lo se fosse real, então, seja qual for o sentido estranho em que nos afecte, podemos ter a certeza de que o poder do poema ou do quadro se deve mais à própria coisa do que a um simples efeito de imitação, ou a uma consideração da perícia do imitador, por mais excelente que ele possa ser. Aristóteles escreveu tanto e de forma tão profunda sobre a força da imitação na sua Poética que não é necessário dizer mais nada sobre este assunto.

SECÇÃO XVII
AMBIÇÃO

Embora a imitação seja um dos grandes instrumentos usados pela providência para aperfeiçoar a nossa natureza, se os homens se entregassem a ela completamente e cada um imitasse o outro e assim sucessivamente num círculo eterno, é fácil de ver que nunca poderia ter existido qualquer melhoramento entre eles. Os homens teriam que permanecer, como os outros animais, os mesmos tanto no fim, como agora, como no princípio dos tempos. Para evitar isto, Deus plantou no homem um sentimento de ambição e uma satisfação que surge da contemplação da sua superioridade em relação aos seus semelhantes em alguma coisa que entre eles seja considerada valiosa. É esta paixão que leva os homens a todas aquelas formas que conhecemos de se evidenciarem, e que tende a tornar extremamente agradável o que quer que seja que excite em alguém a ideia desta distinção. Tem sido uma paixão tão forte que até faz com que homens muito infelizes se consolem por serem supremos na infelicidade; e é certo que, quando não conseguimos atingir distinção através de uma coisa excelente, começamos a sentir uma complacência em relação a uma particular enfermidade, loucura ou defeito de algum tipo. É com base neste princípio que a lisonja é tão predominante; pois a lisonja não é mais do que o que faz surgir na mente de um homem uma ideia de uma preferência que ele não possui. Ora, seja o que for que, por boas ou más razões, tenda a elevar um homem na sua própria opinião, produz uma espécie de enfatuamento e de triunfo que é extremamente gratificante para a mente humana; e este enfatuamento é mais perceptível e opera com mais força quando, sem perigo, enfrentamos objectos terríveis, sendo que a mente sempre reclama para si própria parte da dignidade e da importância das coisas que contempla. Nisto tem origem a observação de Longino acerca daquela exaltação e sensação de grandeza interior que sempre enche quem lê passagens sublimes de poetas e oradores; é o que cada homem deve ter sentido dentro de si mesmo nessas ocasiões.

SECÇÃO XVIII
RECAPITULAÇÃO

Resumamos tudo o que foi dito em algumas ideias distintas. As paixões que pertencem à auto-preservação têm a ver com a dor e o perigo; são simplesmente dolorosas quando as suas causas nos afectam imediatamente; são deleitosas quando temos uma ideia de dor ou de perigo sem estarmos de facto nessas circunstâncias; a este deleite não chamei prazer porque tem a ver com a dor e porque é suficientemente diferente de qualquer ideia de prazer positivo. Dou o nome de *sublime* ao que quer que seja que excite este deleite. As paixões que pertencem à auto-preservação são as mais fortes.

A segunda categoria na qual as paixões são classificadas no que diz respeito à sua causa final é a sociedade. Há dois tipos de sociedade. A primeira é a sociedade do sexo. A paixão que pertence a esta sociedade chama-se amor e contém uma mistura de luxúria; o seu objecto é a beleza das mulheres. A outra é a grande sociedade que estabelecemos com os outros homens e com os restantes animais. A paixão respeitante a esta é também chamada amor, mas não tem qualquer mistura de luxúria e o seu objecto é a beleza; que é um nome que eu aplicarei a todas as qualidades das coisas que induzam em nós um sentimento de afeição e ternura, ou alguma outra paixão que mais se assemelhe a estas. A paixão do amor tem a sua origem no prazer positivo; como todas as coisas que têm origem no prazer, pode surgir misturada com uma sensação de inquietude, isto é, quando uma ideia do seu objecto é excitada na mente ao mesmo tempo que o perdemos irremediavelmente. A esta sensação mista de prazer não chamo *dor* porque ela tem a ver com prazer efectivo e porque tem uma natureza completamente diferente, seja na sua causa seja na maior parte dos seus efeitos. A seguir à paixão genérica que temos pela sociedade, que escolhemos dirigidos pelo prazer que sentimos pelo objecto, a paixão particular que se inclui nesta categoria com o nome de simpatia é a que tem o maior alcance. A natureza desta paixão consiste em colocar-nos no lugar de outra pessoa, sejam quais forem as circunstâncias em que ela se encontre, e afectar-nos de modo semelhante; de modo que esta paixão pode, consoante a ocasião, ter a ver com a dor ou com o prazer; mas com as modificações mencionadas em alguns casos na secção II. Quanto à imitação e à preferência não é necessário dizer mais nada.

SECÇÃO XIX

CONCLUSÃO

Acreditei que uma tentativa de arrumar e ordenar algumas das nossas paixões mais dominantes seria uma boa preparação para a investigação que vamos fazer no que se segue. As paixões que mencionei são quase as únicas que pode ser necessário considerar para o nosso propósito presente; embora a variedade das paixões seja grande e mereça uma investigação atenta em cada ramo dessa variedade. Quanto mais rigorosamente investigamos a mente humana, mais fortes são os traços que encontramos da sabedoria de quem a criou. Se um discurso acerca do uso das partes do corpo pode ser considerado um hino ao Criador, o uso das paixões, que são os órgãos da mente, não pode ser nem um louvor estéril para Ele, nem deixa de produzir em nós aquela nobre e rara união de ciência e admiração que só a contemplação das obras da sabedoria infinita concede a uma mente racional; atribuindo-lhe tudo quanto encontramos de certo, ou de bom, ou de justo em nós próprios, descobrindo a sua força e sabedoria mesmo na nossa fraqueza e imperfeição, honrando-as quando as descobrimos claramente, e adorando a sua profundidade quando nos perdemos na nossa busca, podemos ser inquisitivos sem impertinência e elevados sem orgulho; podemos, se me é permitido dizê-lo, ser admitidos nos conselhos do Todo-Poderoso através de uma consideração das suas obras. A elevação da mente deve ser o fim principal de todas as nossas investigações, pois se estas não tiverem em alguma medida este efeito, de pouco nos servirão. Mas para além deste grande propósito, uma consideração da razão de ser das nossas paixões parece-me muito necessária para todos aqueles que quiserem experimentá-las com base em princípios sólidos e seguros. Não é suficiente conhecê-las em geral; para sermos capazes de experimentá-las de uma maneira delicada, ou de ajuizar correctamente qualquer obra concebida para afectá-las, devemos conhecer as fronteiras exactas das suas diferentes jurisdições; devemos investigá-las em toda a variedade das suas operações e penetrar no mais íntimo e no que pode parecer mais inacessível da nossa natureza,

Quanto de indizível se esconde nas minhas mais íntimas fibras. ([17])

Sem tudo isto, é possível que um homem por vezes satisfaça de forma confusa a sua própria mente quanto à verdade da sua obra; mas não consegue ter uma regra determinada para seguir, nem fazer as suas proposições suficientemente claras para os outros. Os poetas, os oradores e os pintores, e aqueles que cultivam outros ramos das artes liberais, têm tido sucesso nas suas diversas províncias sem este conhecimento crítico e continuarão a tê-lo; tal como entre os artífices são inventadas e construídas muitas máquinas sem um conhecimento exacto dos princípios que as governam. Admito que não é invulgar estar errado na teoria e ter razão na prática; e ainda bem que assim é. Pessoas que muitas vezes agem correctamente em virtude dos seus sentimentos, raciocinam depois mal acerca deles no que diz respeito a princípios; mas uma vez que é impossí-

---

([17]) Em latim no original: *"Quod latet arcana non enarrabile fibra."* (Persius, *Sátiras*, 5.29)

vel evitar tentar fazer esse raciocínio, e igualmente impossível evitar que tenha alguma influência sobre a nossa prática, vale certamente a pena fazê-lo de forma justa e fundada sobre a base da experiência segura. Poderíamos esperar que fossem os próprios artistas os nossos guias mais seguros; mas os artistas têm estado demasiado ocupados com a prática; os filósofos têm feito pouco e o que têm feito costuma ter em vista os seus próprios esquemas e sistemas; e quanto aos críticos, geralmente procuraram as regras das artes no sítio errado; procuraram-nas nos poemas, nos quadros, nas gravuras, nas estátuas, nos edifícios. Mas a arte não é capaz de fornecer as regras que constituem uma arte. Creio que é por esta razão que os artistas em geral, e os poetas em particular, têm estado confinados num círculo muito estreito; foram mais imitadores uns dos outros do que da natureza; e isto com uma uniformidade tão fiel, e desde tempos tão remotos, que é difícil dizer quem forneceu o primeiro modelo. Os críticos seguem os poetas e por isso valem de pouco como guias. Enquanto não for capaz de medir alguma coisa com um padrão que não seja a própria coisa, os meus juízos serão muito pobres. O verdadeiro padrão das artes está ao alcance de qualquer pessoa; e uma observação fácil das coisas mais comuns e por vezes mais humildes da natureza dá-nos as luzes mais verdadeiras; enquanto a maior sagacidade e indústria que menospreza esta observação nos deixa às escuras ou, o que é pior, diverte-nos e desvia-nos com luzes falsas. Numa investigação o mais importante é encontrar o caminho certo. Sei que fiz pouco com estas observações consideradas por si mesmas; e nunca me teria dado ao trabalho de apresentá-las, menos ainda me atreveria a publicá-las, se não estivesse persuadido de que nada tende mais para a corrupção da ciência do que permitir que ela estagne. Estas águas têm que ser agitadas para que possam exercer as suas virtudes. Quem trabalha para além da superfície das coisas, embora possa enganar-se, limpa o caminho para os outros, e pode até fazer com que os seus erros sirvam a causa da verdade. Nas partes que se seguem, irei investigar as coisas que causam em nós as afeições do sublime e do belo, tal como nesta considerei as próprias afeições. Só peço um favor; que nenhuma parte deste discurso seja julgada por si mesma e independentemente do resto; pois sei que não organizei os meus materiais para resistir ao teste de uma controvérsia capciosa, mas de um exame sóbrio e mesmo indulgente; eles não estão armados para a batalha em todos os pontos: mas preparados para visitar quem estiver disposto a acolher pacificamente a verdade.

Fim da Primeira Parte.

PARTE II

SECÇÃO I
DA PAIXÃO CAUSADA PELO SUBLIME

A paixão causada pelo que é grande e sublime na *natureza*, quando estas causas operam da forma mais poderosa, é o Assombro; e o assombro é aquele estado da alma no qual todos os seus movimentos estão suspensos, com algum grau de horror(*).Neste caso a mente está tão completamente cheia com o seu objecto que não consegue atender a nenhum outro, nem, consequentemente, raciocinar acerca do objecto que a ocupa. Esta é a origem do grande poder do sublime que, longe de ser produzido por eles, antecipa os nossos raciocínios e arrasta-nos com uma força irresistível. O assombro, como disse, é o efeito do sublime no seu maior grau; os efeitos inferiores são a admiração, a reverência e o respeito.

SECÇÃO II
TERROR

Nenhuma paixão priva tão eficazmente a mente de todos os seus poderes activos e racionais como o medo(**). Pois sendo um receio da dor ou da morte, o medo opera de uma maneira

---

(*) Parte I, secção 3, 4,7.
(**) Parte 4, secção 3, 4, 5, 6.

semelhante à dor efectiva. Logo, seja o que for que seja terrível em relação à visão é também sublime, seja esta causa de terror dotada de grandes dimensões ou não; pois é impossível considerar irrelevante ou desprezível uma coisa que pode ser perigosa. Há muitos animais que, embora não sejam grandes, são capazes de dar origem a ideias do sublime, porque são considerados objectos de terror. É o caso das serpentes e dos animais venenosos de todos os tipos. E se às coisas de grande dimensão anexarmos uma ideia de terror adventícia, elas tornam-se incomparavelmente maiores. Uma vasta extensão plana de terra não é, certamente, uma ideia mesquinha; a perspectiva dessa planície pode ser tão extensa quanto uma perspectiva do oceano; mas será alguma vez capaz de encher a mente de forma tão grandiosa quanto o próprio oceano? Isto deve-se a diversas causas, mas a nenhuma mais do que ao facto de o oceano ser objecto de grande terror. Na verdade, o terror é, em todos os casos, de forma mais manifesta ou mais latente, o princípio dominante do sublime. Várias línguas dão um forte testemunho da afinidade entre estas ideias. Muitas vezes usam a mesma palavra para expressar indiferentemente os modos do assombro ou admiração e os do terror. θαμβος significa em grego quer medo quer espanto; δεινος significa terrível ou respeitável; αιδεω significa reverenciar ou temer. *Vereor* em latim corresponde a αιδεω em grego. Os romanos usavam o verbo *stupeo*, um termo que assinala fortemente o estado de uma mente assombrada, para expressar o efeito tanto do simples medo como do assombro; a palavra *attonitus* (atónito) expressa igualmente a aliança entre estas ideias; e não é verdade que o francês *étonnement* e o inglês *astonishment* e *amazement* apontam também claramente para as emoções relacionadas que acompanham o medo e o espanto? Não tenho dúvida de que, quem tiver um conhecimento mais vasto das línguas, será capaz de fornecer exemplos igualmente significativos.

SECÇÃO III
OBSCURIDADE

A obscuridade(*) parece, em geral, ser necessária para que algo seja muito terrível. Quando conhecemos a dimensão total de um qualquer perigo, quando podemos habituar a ele os nossos olhos, muita da apreensão desaparece. Todos concordarão com isto se considerarem o quanto a noite acrescenta ao nosso medo, em todos os casos de perigo, e o quanto as noções de fantasmas e espíritos, de que ninguém é capaz de formar uma ideia clara, afectam as mentes que dão crédito às histórias populares acerca desse tipo de seres. Naqueles governos despóticos que se fundam sobre as paixões dos homens, e principalmente sobre a paixão do medo, os chefes são mantidos o mais possível longe do olhar do público. A mesma prática tem sido usada no caso de muitas religiões. Quase todos os templos pagãos eram escuros. Nos templos bárbaros dos americanos nos nossos dias, os ídolos ainda são mantidos numa parte escura da cabana consagrada à sua adoração. Também com este fim, os druidas realizavam todas as suas cerimónias no seio das florestas mais escuras e à sombra dos carvalhos mais antigos e frondosos. Ninguém parece ter compreendido melhor o segredo do aumento ou da encenação de coisas terríveis, se me é permitido usar a expressão, ao seu grau mais elevado, pelo uso de uma obscuridade judiciosa, do que Milton. A sua descrição da morte no segundo livro é admiravelmente estudada; a pompa fúnebre, a incerteza significativa e expressiva dos golpes e cores com que pinta o retrato do rei dos terrores, são assombrosas.

(*) Parte 4, secção 14, 15, 16.

Outra, se forma há no que a não tem,
Distinguível em membro, junta, parte,
Se substância se chama a essa sombra,
Que uma a outra parecia, qual noite era,
Feroz como dez fúrias, infernal,
Brandindo negro dardo; e à cabeça
Parecia ter de rei uma coroa. ([18])

Nesta descrição tudo é escuro, incerto, confuso, terrível e sublime no mais elevado grau.

SECÇÃO IV
DA DIFERENÇA ENTRE A CLAREZA E A OBSCURIDADE NO QUE DIZ RESPEITO ÀS PAIXÕES

Uma coisa é tornar uma ideia clara; outra é torná-la *capaz de afectar* a imaginação. Se faço o desenho de um palácio, ou de um templo, ou de uma paisagem, apresento uma ideia muito clara desses objectos; mas neste caso (levando em conta o efeito da imitação, que é alguma coisa) o mais que o meu quadro é capaz é de afectar-me como me afectariam na realidade o palácio, o templo ou a paisagem. Por outro lado, a descrição verbal mais animada e espirituosa que eu consiga fazer fornece uma

---

[18] Tradução portuguesa: Daniel Jonas in John Milton, *Paraíso Perdido*, Lisboa, Cotovia, 2006.
Em inglês no original:
The other shape,
If shape it might be called that shape had none
Distinguishable, in member, joint or limb;
Or substance might be called that shadow seemed,
For each seemed either; black he stood as night;
Fierce as ten furies; terrible as hell;
And shook a deadly dart. What seemed his head
The likeness of a kingly crown had on.
(Milton, *Paradise Lost*, ii, 666-73) ['...black it...a dreadful dart...']

ideia muito obscura e imperfeita desses objectos; mas está em meu poder instigar uma *emoção* mais forte pela descrição do que seria capaz de fazer com a pintura mais perfeita. Esta é uma experiência que não falha. A maneira adequada de transmitir as *afeições* da mente de uma pessoa para outra é através de palavras; há uma grande insuficiência em todos os outros métodos de comunicação; e a clareza das imagens visuais está tão longe de ser absolutamente necessária para influenciar as paixões, que podemos operar sobre elas consideravelmente sem lhes apresentar qualquer imagem, através de certos sons adequados a esse fim; temos prova suficiente disto nos efeitos poderosos e reconhecidos da música instrumental. Na realidade, uma grande clareza ajuda pouco a afectar as paixões, e é de algum modo inimiga de todos os entusiasmos.

SECÇÃO [IV]
CONTINUAÇÃO DO MESMO ASSUNTO

Há dois versos da arte poética de Horácio que parecem contradizer esta opinião e, por esta razão, esforçar-me-ei um pouco mais a esclarecê-la. Os versos são,

O que se transmitiu pelo ouvido comove mais debilmente os espíritos
Do que as coisas que são oferecidas aos olhos, testemunhas fiéis[19].

Sobre isto o Abade du Bos[20] funda uma crítica na qual dá preferência à pintura sobre a poesia quanto à questão da incitação das paixões; principalmente por causa da maior

---
[19] Tradução de R. M. Rosado Fernandes, in Horácio, *Arte Poética*, edição bilingue, Lisboa, Editorial Inquérito, 1984. Em latim no original: *"Segnius irritant animos demissa per aures/ Quam quae sunt oculis subjecta fidelibus."* (Horácio, *De arte poetica*, II, 180-1)

[20] Jean-Baptiste, Abade du Bos (1670-1742), *Réflexions critiques sur la poësie et sur la peinture*, Paris, 6ª ed., 1755, i. 416 ff.

clareza das ideias que representa. Creio que este excelente crítico foi induzido neste erro (sé é que se trata de um erro) pelo seu sistema, com o qual entendeu ser mais conforme do que com o que penso ser a experiência. Conheço muitas pessoas que admiram e amam a pintura e que, no entanto, quando comparamos o calor com que obras poéticas ou retóricas comoventes os afectam, consideram os objectos da sua admiração nessa arte com bastante tranquilidade. Nunca consegui constatar uma grande influência da pintura sobre as paixões das pessoas vulgares. É verdade que as pinturas do melhor tipo, tal como a poesia do melhor tipo, não são muito compreendidas nesta esfera. Mas certamente é verdade que as suas paixões são inflamadas de forma bastante forte por um pregador fanático, ou pelas baladas de Chevychase, ou das crianças no bosque, ou por outros pequenos poemas e contos populares correntes nesse escalão social. Não conheço nenhum quadro, bom ou mau, que produza o mesmo efeito. De modo que a poesia, com toda a sua obscuridade, tem um domínio mais geral e mais poderoso sobre as paixões do que qualquer outra arte. E penso que há na natureza razões pelas quais uma ideia obscura, quando transmitida de forma adequada, afecta mais do que uma ideia clara. É a nossa ignorância das coisas que causa a nossa admiração e que principalmente excita as nossas paixões. O conhecimento e a familiaridade fazem com que as causas mais impressionantes afectem pouco. Passa-se isto no caso das pessoas vulgares, e todos os homens são como as pessoas vulgares quanto àquilo que não compreendem. As ideias de eternidade e de infinitude são das que mais nos afectam e no entanto talvez não haja ideias tão mal compreendidas como estas. E não encontramos descrição mais sublime do que esta, justamente célebre, de Milton, na qual nos dá um retrato de Satã com uma dignidade muito adequada ao assunto.

Sobre os outros
Se perfilou nos gestos eminente
Como uma torre; sua forma mantinha
Todo o brilho da origem, não mostrando
Menos que um Arcanjo em queda, brumoso
No excesso do esplendor: qual sol que nasce
E espreita pelo ar pardo do horizonte
Curto de raios, ou detrás da lua
Eclipsado verte astroso crepúsculo
Em meio mundo, e por medo de abalos
Monarcas pasma.([21])

Eis um retrato muito nobre; e em que consiste este retrato poético? Em imagens de uma torre, de um arcanjo, do sol que se ergue entre a bruma, ou de um eclipse, da ruína de monarcas e das revoluções de reinos. A mente é arrastada para fora de si mesma por um tumulto de imagens grandes e confusas; que nos afectam porque são tumultuosas e confusas. Separemo-las e perderemos muita da grandeza; juntemo-las e infalivelmente perderemos a clareza. As imagens suscitadas pela poesia são sempre deste tipo obscuro; embora em geral os efeitos da poesia não possam de modo algum ser atribuídos às imagens que ela suscita; este aspecto será examinado mais atentamente daqui a pouco(*). Mas a pintura, depois de descontado o pra-

---

[21] Tradução portuguesa: Daniel Jonas in John Milton, *Paraíso Perdido*, Lisboa, Cotovia, 2006. Em inglês no original:
He above the rest
In shape and gesture proudly eminent
Stood like a tower; his form had yet not lost
All her original brightness, nor appeared
Less than archangel ruin'd, and th' excess
Of glory obscured: as when the sun new ris' n
Looks through the horizontal misty air
Shorn of his beams; or from behind the moon
In dim eclipse disastrous twilight sheds
On half the nations; and with fear of change
Perplexes monarchs.
(Paradise Lost, i, 589-99.)
(*) Parte 5.

zer causado pela imitação, só é capaz de nos afectar através das imagens que apresenta; e mesmo na pintura, uma obscuridade judiciosa em algumas coisas contribui para o efeito do quadro; porque as imagens na pintura são exactamente idênticas às imagens naturais; e na natureza as imagens escuras, confusas e incertas têm mais poder sobre a fantasia na formação das paixões maiores do que aquelas que são mais claras e determinadas. Mas é da natureza do assunto, e da ocasião, e não de quaisquer regras que possamos fornecer, que poderemos deduzir onde e quando pode esta observação ser aplicada à prática. Sei que esta ideia tem encontrado oposição e provavelmente será ainda rejeitada por muitas pessoas. Mas consideremos que quase nada é capaz de impressionar a mente com a sua grandeza se não se aproximar de alguma maneira da infinitude; e nada é capaz de fazê-lo se conseguirmos ver os seus limites; mas ver distintamente um objecto e perceber os seus limites é uma e a mesma coisa. Logo, uma ideia clara é outro nome para uma ideia pequena. Há uma passagem no Livro de Job espantosamente sublime e esta sublimidade deve-se principalmente à terrível incerteza da coisa descrita. *Entre pensamentos de visões da noite, quando cai sobre os homens o sono profundo, sobreveio-me o espanto e o tremor, e todos os meus ossos estremeceram. Então um espírito passou por diante de mim; fez-me arrepiar os cabelos da minha carne; parou ele,* mas não conheci a sua feição; *um vulto estava diante dos meus olhos;e, calando-me, ouvi uma voz que dizia: Seria porventura o homem mais justo do que Deus?*([22]) Primeiro, somos preparados com a maior solenidade para a visão; somos aterrorizados ainda antes de sermos conduzidos até à causa obscura da nossa emoção: mas quando esta grande causa de terror aparece, de que se trata? Envolta nas sombras da sua escuridão incompreensível, não será ela mais espantosa, mais impressionante, mais terrível do que a descrição mais viva, do que o quadro mais claro poderiam alguma vez representá-la? Penso que os pintores falham sempre que tentam dar-nos representações claras de ideias muito fantasiosas e terríveis como estas; de tal modo que, até hoje, quando vejo quadros representando o inferno,

---

[22] *Job*, 4:13-17.

me pergunto se o pintor não terá tido como intenção qualquer coisa de ridículo. Muitos pintores trataram este tipo de assunto, visando juntar tantos fantasmas horríveis quantos a sua imaginação foi capaz de sugerir; mas todos os desenhos que, até hoje, pude ver das tentações de Santo António, eram uma espécie de representação grotesca, selvagem e estranha, e não algo capaz de produzir uma paixão séria. Em todos estes assuntos, a poesia é muito feliz. As suas aparições, as suas quimeras, as suas hárpias, as suas figuras alegóricas, são grandes e impressionantes; e embora a Fama de Virgílio, ou a Discórdia de Homero sejam obscuras, são figuras magníficas. Num quadro, estas figuras seriam suficientemente claras, mas receio que pudessem revelar-se ridículas.

SECÇÃO V
PODER

Para além destas coisas que sugerem *directamente* a ideia de perigo, e daquelas que produzem um efeito semelhante através de uma causa mecânica, não conheço nada que seja sublime que não seja algum tipo de modificação do poder. E este ramo emerge tão naturalmente como os outros dois, do terror, o denominador comum de tudo o que é sublime. À primeira vista, a ideia de poder parece fazer parte da classe das coisas indiferentes, podendo pertencer igualmente ao prazer ou à dor. Mas na realidade, a afeição que tem origem na ideia de poder vasto está muito longe de ter um carácter neutro. Pois em primeiro lugar temos que nos lembrar(*) que a ideia de dor, no seu grau mais elevado, é muito mais forte do que a ideia de prazer; e que preserva a mesma superioridade ao longo de todas as gradações subordinadas. Daqui segue-se que quando as possibilidades de um grau igual de sofrimento ou fruição são de algum modo idênticas, a ideia de sofrimento prevalece sem-

---

(*) Parte 1, secção 7.

pre. E, de facto, as ideias de dor, e acima de tudo a da morte, afectam-nos de tal modo que não conseguimos estar perfeitamente livres de terror enquanto estivermos na presença do que quer que seja que supostamente tenha o poder de infligir uma ou outra. Mais uma vez, sabemos por experiência que para fruirmos um prazer não são de todo necessários grandes esforços de poder; sabemos até que tais esforços contribuiriam em muito para destruir a nossa satisfação: pois o prazer deve ser-nos roubado e não imposto; o prazer segue a vontade; e nós geralmente sentimos prazer a propósito de muitas coisas que têm uma força bastante inferior à nossa. Mas a dor é sempre infligida por um poder de algum modo superior, já que nunca nos submetemos a ela de bom grado. De modo que a força, a violência, a dor e o terror são ideias que avassalam juntas a mente. Se olharmos para um homem, ou qualquer outro animal de força prodigiosa, em que pensamos antes de qualquer reflexão? Que de algum modo essa força se submeterá a nós, à nossa conveniência, ao nosso prazer, ao nosso interesse? Não; a emoção que sentimos diz-nos que esta força enorme pode ser empregue na(*) rapina e na destruição. Que o poder deriva toda a sua sublimidade do terror que geralmente o acompanha será mostrado com evidência a partir do seu efeito nos casos muito raros em que é possível retirar a uma quantidade considerável de força a sua capacidade de causar dano. Quando fazemos isto, despojamos o objecto em causa de tudo quanto é sublime e ele imediatamente se torna desprezível. Um boi é uma criatura de grande força; mas é uma criatura inocente, extremamente prestável e nada perigosa; é por esta razão que a ideia de boi não é de modo nenhum grandiosa. Um touro também é forte; mas a sua força é de outro tipo; por vezes muito destrutiva, raras vezes (pelo menos, entre nós) útil para os nossos propósitos; a ideia de um touro é, portanto, grandiosa, e frequentemente tem lugar em descrições sublimes e em comparações elevadas. Consideremos um outro animal forte à luz das duas perspectivas em que podemos considerá-lo. O cavalo, à luz da sua utilidade, enquanto animal próprio para o arado,

---

(*) Vide Parte 3, secção 21.

para a estrada, para o transporte de cargas, à luz de qualquer
consideração social útil, nada tem de sublime; mas será que
somos afectados por ele desta maneira, quando *terrível é o fogoso
respirar das suas ventas. Sacudindo-se, e removendo-se, escarva a terra,
e não faz caso do som da buzina*(²³)? Nesta descrição, o carácter
útil do cavalo desaparece completamente e o terrível e o
sublime resplandecem em conjunto. Temos junto de nós constantemente animais que possuem uma força considerável, mas
que não são perniciosos. Em relação a estes nunca procuramos
o seu aspecto sublime: este vem até nós na floresta sombria e
na selva ululante, sob a forma do leão, do tigre, da pantera ou
do rinoceronte. Aquela força que é meramente útil e que é
empregue para o nosso benefício ou para o nosso prazer, nunca
é sublime; pois nada é capaz de agir de forma que nos seja agradável se não for em conformidade com a nossa vontade; mas
para agir em conformidade com a nossa vontade, esse objecto
tem que nos estar submetido; e, logo, nunca pode ser a causa
de uma concepção grandiosa e imponente. A descrição do
burro selvagem no livro de Job atinge um grau bastante sublime
meramente pela insistência na liberdade do animal e no desafio que coloca à humanidade; de outro modo a descrição de
um tal animal nada poderia ter de nobre. *Quem despediu* (diz
ele) *livre o jumento montês, e quem soltou as prisões do jumento bravo,
ao qual dei o ermo por casa, e a terra salgada por morada? Ri-se do
arroído da cidade; não ouve os muitos gritos do exactor. O que descobre
nos montes é o seu pasto*(²⁴). As magníficas descrições do unicórnio e do leviatã no mesmo livro estão cheias das mesmas circunstâncias amplificadoras. *Querer-te-á servir o unicórnio, ou ficará
na tua cavalariça? Ou confiarás nele, por ser grande a sua força? –
Poderás pescar com o anzol o leviatã? Fará ele concertos contigo, ou o
tomarás tu por escravo para sempre? Porventura nenhum à sua vista
será derribado?*(²⁵) Em suma, onde quer que encontremos força,
e seja qual for a luz sob a qual consideremos o poder, constataremos sempre que o sublime é concomitante do terror e que o

---

(²³) *Job*, 39:20, 24.
(²⁴) *Job*, 39:5-8.
(²⁵) *Job*, 39:9-11; 41:1, 4, 9.

desprezo acompanha aquela força que é subserviente e inócua. A raça dos cães em muitas das suas variedades tem geralmente um grau bastante de força e agilidade; e os cães exercem estas, e outras qualidades valiosas que possuem, de um modo que nos é muito conveniente e que nos dá muito prazer. Os cães são, na verdade, os animais mais sociáveis, afectuosos e amigáveis de toda a criação; mas o amor aproxima-se muito mais do desprezo do que geralmente se pensa; e, consequentemente, embora acariciemos os cães, é a eles que vamos buscar os nomes mais desprezíveis quando usamos termos de censura; e estes nomes são o sinal comum da vileza e do desprezo mais baixos em todas as línguas. Os lobos não têm mais força do que várias espécies de cães; mas por se tratar de um animal selvagem e indomesticável, a ideia de um lobo não é desprezível; não está excluída das grandes descrições e comparações. É assim que somos afectados pela força, que é o poder *natural.* O poder dos reis e comandantes, que tem origem por instituição, tem a mesma ligação com o terror. Os soberanos são frequentemente adornados com o título de *terrível majestade.* E podemos observar que as pessoas jovens, sem grande experiência do mundo, e que não estão habituadas a abordar homens poderosos, ficam em geral de tal modo assombradas que até perdem o uso das suas faculdades. *Quando saía para a porta de cidade, e na praça fazia preparar a minha cadeira* (diz Job), *os moços me viam, e se escondiam*([26]). De facto, esta timidez em relação ao poder é tão natural, e está de tal modo entranhada na nossa constituição, que muito poucos conseguem ultrapassá-la, a não ser envolvendo-se muito nos assuntos do mundo ou usando grande violência contra as suas disposições naturais. Conheço pessoas que pensam que nenhum assombro, nenhum grau de terror acompanha a ideia de poder e que se atreveram a afirmar que podemos contemplar até a ideia de Deus sem qualquer emoção desse tipo. Quando iniciei a consideração deste assunto, evitei propositadamente introduzir a ideia deste ser grande e tremendo como exemplo num argumento tão frívolo como este; embora frequentemente me tenha ocorrido, não como uma objecção, mas

---

([26]) *Job,* 29: 7-8.

como uma forte confirmação das minhas opiniões nesta matéria. Espero evitar qualquer presunção naquilo que vou dizer acerca de um assunto em relação ao qual é quase impossível que qualquer mortal fale com estrita propriedade. Digo então que, se considerarmos a divindade meramente como um objecto do entendimento, formando uma ideia complexa de poder, sabedoria, justiça, bondade, alargadas estas características a um grau que excede em muito os limites da nossa compreensão, se considerarmos a divindade a esta luz refinada e abstracta, as paixões e a imaginação pouco ou nada são afectadas por ela. Mas uma vez que a nossa condição natural nos obriga a ascender a estas ideias puras e intelectuais pelo intermédio de imagens sensíveis, e a julgar estas qualidades divinas pelos seus actos e esforços evidentes, torna-se extremamente difícil desembaraçar a nossa ideia da causa do efeito pelo qual somos levados a conhecê-la. Assim, quando contemplamos a divindade, os seus atributos e a sua operação unidos na nossa mente formam uma espécie de imagem sensível e enquanto tal são capazes de afectar a imaginação. Mas embora numa ideia adequada da divindade talvez nenhum dos seus atributos predomine, para a nossa imaginação o seu poder é de longe o que mais nos impressiona. É preciso alguma reflexão, alguma comparação para nos satisfazermos quanto à sua sabedoria, à sua justiça e à sua bondade; para sermos impressionados pelo seu poder basta abrirmos os olhos. Mas quando contemplamos um objecto tão vasto, como se estivéssemos sob o braço de um poder omnipotente e investido de omnipresença de todos os lados, reduzimo-nos à pequenez da nossa própria natureza e somos, de uma certa maneira, aniquilados perante ele. E embora uma consideração dos seus outros atributos possa aliviar em alguma medida as nossas apreensões; não há convicção da justiça com que é exercida ou da misericórdia com que é temperada capaz de afastar completamente o terror que uma força irresistível naturalmente provoca. Se nos alegramos, é com temor que o fazemos; e mesmo quando recebemos benefícios, não podemos deixar de tremer perante um poder capaz de conferir benefícios de tamanha importância. Quando o profeta David contemplou as maravilhas de sabedoria e poder que são manifestadas na economia do homem, ele parece ter sido atingido por uma espécie de horror divino, e gritou *sou feito de forma maravilhosa e terrível.* Há um poeta pagão que tem um sentimento de natureza semelhante; Horácio considera que contemplar sem terror e espanto a imensa e gloriosa criação que é o universo é o mais elevado esforço da coragem filosófica.

Este sol, estas estrelas e o movimento regular do curso das estações,
Eis espectáculos que certas pessoas contemplam
Sem o mínimo de temor.([27])

Lucrécio é um poeta insuspeito de se entregar a terrores supersticiosos ; mas quando imagina todo o mecanismo da natureza exposto pelo mestre da sua filosofia, o seu transporte perante esta visão magnífica, representado nas cores de uma poesia viva e ousada, está ensombrado por um medo e terror secretos.

Diante tais coisas, uma espécie de volúpia divina, um frémito,
Apoderam-se de mim, ao pensar como a Natureza, assim descoberta
   pelo teu génio,
Retirou todos os seus véus e se revela inteiramente([28]).

Mas só a escritura é capaz de fornecer ideias que respondam à majestade deste assunto. Na escritura, sempre que Deus é representado a aparecer ou a falar, tudo quanto há de terrível na natureza é convocado para aumentar o assombro e a solenidade da presença divina. Os salmos, e os livros proféticos, estão cheios de instâncias deste tipo. *A terra tremeu* (diz o salmista) *os céus também caíram na presença do Senhor.* E o que é digno de

---

([27]) Em latim no original: "*Hunc solem, et stellas, et decedentia certis/ Tempora momentis, sunt qui formidine nulla/ Imbuti spectant.*» (Horácio, *Epístolas*, I. 6. 3-5)

([28]) Em latim no original: "*His tibi me rebus quædam Divina voluptas/ Percipit, atque horror, quod sic Natura tua vi/ Tam manifesta patet ex omni parte retecta.*" (Cf. Lucrécio, *De Rerum Natura*, iii. 28-30).

nota é que a pintura mantém o mesmo carácter, não só quando se supõe que ele desce para exercer vingança sobre os malvados, mas também quando exerce em toda a sua plenitude o seu poder em actos de beneficência para com a humanidade. *Treme, ó terra! Na presença do Senhor; na presença do Deus de Jacob; que transformou a rocha em água tranquila, a pedra numa fonte de águas!* São infindáveis as passagens que poderíamos enumerar, tanto nos escritores sagrados como nos profanos, que estabelecem o sentimento geral da humanidade quanto à união inseparável de um assombro sagrado e reverencial com as nossas ideias da divindade. Daí a máxima corrente, *primos in orbe deos fecit timor*(²⁹). Esta máxima pode ser, como creio que é, falsa no que respeita à origem da religião. O autor da máxima viu como estas ideias eram inseparáveis, sem considerar que a noção de um grande poder deve ser sempre precedida do pavor que temos dele. Mas este pavor deve necessariamente seguir-se à ideia deste poder, uma vez esta excitada na mente. É com base neste princípio que a verdadeira religião tem, e tem que ter, uma tão grande mistura de medo salutar; e que as falsas religiões geralmente não têm nada que as sustente que não o medo. Antes da religião cristã ter, por assim dizer, humanizado a figura da divindade, aproximando-a um pouco mais de nós, quase nada se dizia acerca do amor de Deus. Os seguidores de Platão falam um pouco disto, mas muito pouco. Os outros escritores da antiguidade pagã, sejam filósofos sejam poetas, não dizem nada. E quem considerar a atenção infinita, a indiferença a qualquer objecto perecível, os hábitos longos de piedade e contemplação através dos quais qualquer homem é capaz de alcançar um amor e uma devoção completos à Divindade, facilmente perceberá que este não é o primeiro efeito, nem o mais natural e impressionante, que procede desta ideia. Assim, falámos do poder em todas as suas gradações até à mais elevada, onde finalmente a nossa imaginação se perde; e encontramos o terror ao longo de todo o percurso, seu companheiro inseparável, crescendo quando ele cresce, tanto quanto conseguimos dis-

---

(²⁹) "Foi o medo que primeiro criou os deuses no mundo" (Estácio, *Tebaida*, 3, 661).

cernir. Uma vez que o poder é sem dúvida uma das fontes mais importantes do sublime, poderemos identificar a origem da sua energia, e a classe de ideias a que devemos uni-lo.

SECÇÃO VI
PRIVAÇÃO

Todas as privações *gerais* são grandes, porque todas são terríveis; o *Vazio*, a *Escuridão*, a *Solidão* e o *Silêncio*. Com que fogo da imaginação, e ainda assim com que severidade de juízo, juntou Virgílio todas as circunstâncias em que ele sabe que as imagens de uma tremenda dignidade devem estar unidas, na boca do inferno! Onde, antes de abrir os segredos da grande profundidade, ele parece ser acometido por um horror religioso e recuar, assombrado, perante a ousadia do seu próprio desígnio.

Deuses, senhores do império das almas, e sombras silentes,
Caos e Flegetonte, vastos espaços da noite calada
Seja lícito dizer quando ouvi, seja lícito, com o vosso divino poder,
Desvendar os segredos imersos nas profundezas nevoentas da terra.
Seguiam sem luz, no meio da sombra, na noite solitária,
Através da mansão vazia e do reino inerte de Plutão. ([30])

---

[30] Tradução de Maria Helena da Rocha Pereira in M.H.R. Pereira, *Romana*. *Antologia da Cultura Latina*, 6ª edição, aumentada, Lisboa, Guimarães, 2010.
Em latim no original:
Dii quibus imperium est animarum, umbraeq; silentes!
Et Chaos, et Phlegeton! Loca nocte silentia *late?*
Sit mihi fas audita loqui! sit numine vestro
Pandere res alta terra et caligine *mersas!*
Ibant obscuri, sola *sub* nocte, *per* umbram,
Perque domos Ditis vacuas, *et inania regna.*
(Virgílio, *Eneida*, vi. 264-9.)

*Ó Deuses subterrâneos, a cuja tremenda autoridade
Os espíritos furtivos e as silenciosas sombras obedecem;
Ó gelado caos! E profundo Flegetonte!
Cujo império majestoso se estende por toda a parte;
Concedei-me, ó terribilíssimos poderes, o dom
De descrever as cenas e prodígios das profundezas do inferno]
Concedei-me o dom de extrair os vossos poderosos segredos daqueles
negros domínios para a luz do dia.* (³¹)

*Passaram obscuros por lúgubres sombras
Que levavam aos tétricos domínios dos mortos.* (³²)

SECÇÃO VII
VASTIDÃO

A grandeza(*) de dimensão é uma poderosa causa do sublime. Isto é demasiado evidente, e a observação demasiado comum, para que seja preciso qualquer ilustração; já não é tão comum considerar os modos como a grandeza de dimensão, vastidão, extensão ou quantidade têm o seu efeito mais impressionante. Pois certamente há maneiras e modos de acordo com os quais a mesma quantidade de extensão produz maiores efeitos do que ocorre noutros casos. A extensão diz respeito ao

---

(³¹) Em inglês no original:
*Ye subterraneous gods! Whose aweful sway
The gliding ghosts, and silent shades obey;
O Chaos hoar! And Phlegethon profound!
Whose solemn empire streches wide around;
Give me, ye great tremendous powers, to tell
Of scenes and wonders in the depth of hell;
Give me your mighty secrets to display
From those black realms of darkness to the day.*
(Christopher Pitt, Aeneid (1740), vi. 371-8.)

(³²) Em inglês no original: "Obscure they went through dreary shades that led/ Along the waste dominions of the dead." (Dryden, Aeneid, vi 378-9.)

(*) Parte 4, secção 9.

comprimento, ou à altura, ou à profundidade. Destes modos, o comprimento é o que impressiona menos; cem jardas de terreno plano nunca terão um efeito tão forte como o de uma torre com cem jardas de altura, ou uma rocha ou montanha com essa altura. Consigo igualmente imaginar que a altura é menos grandiosa do que a profundidade; e que nos impressiona mais olhar para um precipício do que olhar para cima, para um objecto com a mesma altura, mas disto não tenho muita certeza. Um plano perpendicular tem mais força na formação do sublime do que um plano inclinado; e os efeitos de uma superfície rugosa e acidentada parecem ser mais fortes do que se ela fosse macia e polida. Seria ir muito para além do nosso propósito abordar aqui a causa destas aparências; mas é certo que nos fornecem um campo de especulação amplo e frutuoso. No entanto, não será descabido acrescentar algo a estas observações acerca da magnitude; que, tal como o ponto mais extremo da dimensão é sublime, também o ponto mais extremo da pequenez é de algum modo sublime; quando atendemos à infinita divisibilidade da matéria, quando perseguimos a vida animal até àqueles seres extremamente pequenos, mas ainda assim organizados, que escapam à inquisição mais refinada dos sentidos, quando levamos as nossas descobertas ainda mais para baixo e consideramos aquelas criaturas ainda mais pequenas e a escala cada vez mais diminuta da existência na qual a imaginação também se perde, tal como os sentidos, ficamos espantados e perplexos com as maravilhas da pequenez; e não somos capazes de distinguir nos seus efeitos este extremo da pequenez da própria vastidão. Pois a divisão tem que ser infinita, tal como a adição; porque a ideia de uma unidade perfeita nunca pode ser alcançada, nem a de um todo completo ao qual nada mais pode ser adicionado.

SECÇÃO VIII
INFINITUDE

Uma outra fonte do sublime é a *infinitude*, se não fizer ainda parte da anterior. A infinitude tem a tendência para encher a mente com aquela espécie de horror delicioso que é o efeito mais genuíno e o teste mais verdadeiro do sublime. Quase não há coisas capazes de serem objectos dos nossos sentidos que sejam realmente, e pela sua própria natureza, infinitas. Mas como os olhos não conseguem ver os limites de muitas coisas, elas parecem infinitas e produzem os mesmos efeitos que produziriam se realmente fossem infinitas. Somos enganados de modo semelhante quando as partes de um determinado objecto de grandes dimensões atingem uma sucessão de tal modo indefinida que a imaginação não encontra qualquer restrição que a impeça de as estender a seu bel-prazer.

Sempre que repetimos uma ideia com frequência, a mente, por uma espécie de mecanismo, repete-a muito depois de a sua causa originária ter deixado de operar(*). Depois de andarmos à roda, quando nos sentamos, os objectos à nossa volta parecem ainda rodopiar. Depois de uma longa sucessão de ruídos, como a queda de águas, ou a batida de martelos na bigorna, os martelos batem e a água ruge na imaginação muito depois de os primeiros sons terem deixado de a afectar; e esmorecem por fim gradualmente, de forma quase imperceptível. Se segurarmos uma estaca direita, com um olho num dos seus extremos, ela parecerá estender-se de forma quase inacreditável(**). Coloquemos um número de sinais uniformes e equidistantes nesta estaca e eles causarão a mesma ilusão e parecerão multiplicar-se sem fim. Os sentidos que são fortemente afectados de alguma maneira não conseguem rapidamente mudar o seu estado ou adaptar-se a outras coisas; antes continuam no seu canal ante-

---

(*) Parte 4, secção 12.

(**) O Senhor Addison, nos *Spectators* que tratam dos prazeres da imaginação, pensa que é assim, porque numa rotunda vemos metade de um edifício de uma só vez. Não penso que seja esta a verdadeira causa.

rior até que a força do primeiro motor se desvanece. É esta a razão de uma ocorrência muito frequente nos loucos; que se mantêm dias e noites inteiros, por vezes até anos inteiros, a repetir constantemente alguma observação, alguma queixa ou canção; a qual impressionou fortemente a sua imaginação desordenada no início do seu frenesi e cuja repetição o reforça a cada vez com novo poder; e a ânsia dos seus espíritos, não restringidos pelo açaime da razão, continua a repeti-lo até ao fim dos seus dias.

SECÇÃO IX

SUCESSÃO E UNIFORMIDADE

O infinito artificial é constituído pela sucessão e *uniformidade* das partes. 1. *Sucessão*; é necessário que as partes possam continuar por tanto tempo e numa tal direcção que possam, pelos seus impulsos frequentes sobre os sentidos, impressionar a imaginação com uma ideia da sua continuação para além dos seus limites efectivos. 2. *Uniformidade*; porque se as figuras das partes mudarem, a imaginação encontra em cada mudança um limite; a cada alteração é-nos apresentado o termo de uma ideia e o início de outra; e assim torna-se impossível continuar aquele progresso ininterrupto capaz de marcar objectos limitados com o carácter da infinitude. É neste tipo de infinidade artificial, creio eu, que devemos procurar a causa do nobre efeito de uma rotunda. Pois numa rotunda, seja num edifício seja numa plantação, não conseguimos colocar um limite em lado nenhum; seja para onde for que nos viremos, o mesmo objecto parece continuar e a imaginação não tem repouso. Mas para que a figura tenha a sua força completa, as partes devem ser uniformes e não apenas estar dispostas circularmente; pois qualquer diferença seja na disposição seja na figura ou mesmo nas cores das partes prejudica imenso a ideia de infinitude, limitada e interrompida por cada mudança, uma nova série começando com cada alteração. Com base nos mesmos princípios de sucessão e uniformidade, explica-se facilmente a aparência grandiosa dos templos pagãos antigos, que geralmente tinham formas oblongas, com uma série de pilares uniformes de cada lado. Da mesma causa pode ainda ser derivado o efeito grandioso das naves em muitas das nossas antigas catedrais. A forma de uma cruz usada em algumas igrejas parece-me menos acertada do que o paralelograma dos antigos; pelo menos, creio que não é tão adequado para o exterior. Pois, supondo que os braços da cruz sejam iguais, se nos colocarmos numa direcção paralela a qualquer uma das paredes laterais, ou colunas, em vez da ilusão que torna o edifício mais extenso do que realmente é, é-nos vedado ver uma parte considerável (dois terços) do seu comprimento e*fectivo*; e para evitar qualquer possibilidade de progressão, os braços da cruz tomam uma nova direcção, fazem um ângulo recto com o transepto e deste modo desviam totalmente a imaginação da repetição da ideia anterior. Ou suponhamos que o espectador esteja situado onde quer que possa ter uma perspectiva directa de um edifício destes; qual será a consequência? A consequência necessária será que uma boa parte da base de cada ângulo, formado pela intersecção dos braços da cruz, se perde completamente; o todo deve, pois, assumir uma figura quebrada e desarticulada; as luzes serão desiguais, aqui fortes, ali fracas; sem essa nobre gradação que a perspectiva sempre opera sobre partes dispostas ininterruptamente numa linha recta. Algumas destas objecções, ou todas elas, se levantam contra toda a figura de uma cruz, seja qual for a perspectiva que tenhamos dela. Exemplifiquei-as com a cruz grega, na qual estes defeitos aparecem de forma mais forte; mas eles surgem em algum grau em todas as espécies de cruzes. Na verdade, nada causa mais prejuízo à grandeza dos edifícios do que a profusão de ângulos, um defeito que é óbvio em muitos deles, e que se deve a uma sede de variedade imprópria que, quando prevalece, é seguro que manifesta muito pouco bom gosto genuíno.

SECÇÃO X

MAGNITUDE NOS EDIFÍCIOS

A grandeza da dimensão parece ser um requisito do sublime na construção de edifícios; pois a imaginação não é capaz de ascender a qualquer ideia de infinitude só com base em algumas pequenas partes. Nenhuma grandeza no modo pode compensar efectivamente a falta das dimensões adequadas. Não há qualquer perigo de arrastar os homens para projectos extravagantes pela aplicação desta regra; ela carrega consigo a sua própria cautela. Porque um comprimento excessivo nos edifícios destrói o propósito de grandeza que com ele se visava promover; a perspectiva diminuirá em altura o que ganha em comprimento; e acabará por reduzi-lo a tal ponto que a sua figura se transforma numa espécie de triângulo, a figura com menor efeito de todas as que podem ser apresentadas ao olhar. Sempre pude observar que as colunas e áleas de árvores de um comprimento moderado são incomparavelmente mais grandiosas do que quando se estendem por enormes distâncias. Um verdadeiro artista deve efectuar uma ilusão generosa sobre os espectadores e conseguir os desígnios mais nobres com os métodos mais simples. Os desígnios que são vastos apenas nas suas dimensões são sempre sinal de uma imaginação vulgar e inferior. Nenhuma obra de arte pode ser grande se não provocar ilusão; ser de outro modo é prerrogativa da natureza apenas. Um bom olho será capaz de estabelecer o ponto médio entre um comprimento ou uma altura excessivos (pois há algumas objecções contra ambos) e uma quantidade pequena ou fragmentada; e talvez este ponto possa ser determinado com um grau tolerável de exactidão, caso fosse meu objectivo ir tão longe nos detalhes de uma qualquer arte.

SECÇÃO XI
INFINITUDE NOS OBJECTOS AGRADÁVEIS

A infinitude, embora de outro tipo, causa muito do nosso prazer em imagens agradáveis, bem como do nosso deleite em imagens sublimes. A primavera é a mais agradável das estações; e as crias da maior parte dos animais, embora estejam longe de estar totalmente preparadas, provocam uma sensação mais agradável do que os adultos; porque a imaginação é entretida com a promessa de algo mais, e não aquiesce no objecto presente aos sentidos. Nos esboços incompletos do desenho vi muitas vezes algo que me agradou muito para além do melhor acabamento; e isto, creio, procede da causa que acabei de assinalar.

SECÇÃO XII
DIFICULDADE

Uma outra fonte de grandeza é a *dificuldade*(*). Quando uma obra parece ter exigido uma força e um labor imensos para ser feita, a ideia é grandiosa. Stonehenge nada tem de admirável quer na disposição quer na ornamentação. Mas aquelas massas rudes de pedra, colocadas na vertical e postas umas em cima das outras, sugerem à mente a imensa força necessária para tal obra. A rudeza da obra até aumenta esta causa de grandeza, uma vez que exclui a ideia de arte e deliberação; pois a destreza produz outro tipo de efeito que é suficientemente diferente deste.

SECÇÃO XIII
MAGNIFICÊNCIA

A *Magnificência* é também uma fonte do sublime. Uma grande profusão de coisas esplêndidas ou intrinsecamente

---
(*) Parte 4, secção 4, 5, 6.

valiosas é *magnífica*. O céu estrelado, embora frequentemente possa ser visto, nunca deixa de excitar uma ideia de grandeza. Isto não pode dever-se a alguma coisa nas próprias estrelas, consideradas separadamente. O número é, certamente, a causa. A desordem aparente aumenta a grandeza, pois a aparência de cuidado é bastante contrária às nossas ideias de magnificência. Para além disto, as estrelas aparecem-nos numa tal confusão que se torna impossível contá-las em ocasiões normais. Isto dá-lhes a vantagem de uma espécie de infinitude. Nas obras de arte, este tipo de grandeza, que consiste na quantidade, deve ser admitido com muita cautela; porque uma profusão de coisas excelentes não pode ser alcançada, ou só com muita dificuldade; e porque em muitos casos esta esplêndida confusão destrói qualquer utilidade que devemos ter em conta com o maior cuidado na maior parte das obras de arte; para além disto, devemos considerar que, a não ser que sejamos capazes de produzir uma aparência de infinitude através de uma desordem, teremos apenas desordem sem magnificência. Há, no entanto, uma espécie de fogos de artifício, e outras coisas, que desta maneira são bem sucedidas, e são verdadeiramente grandiosos. Também há muitas descrições de poetas e oradores que devem o seu carácter sublime a uma riqueza e profusão de imagens, que de tal modo deslumbram a mente que fazem com que não seja possível dar atenção àquela coerência exacta e concórdia das alusões que devemos exigir em todas as outras ocasiões. Não me ocorre agora exemplo mais impressionante disto do que a descrição do exército do rei na peça Henrique IV;

Todos aparelhados, todos em armas,
Todos ornamentados com plumas como avestruzes pelo vento
Aguilhoadas como águias acabadas de banhar-se:
Cheios de espírito como o mês de Maio,
E esplêndidos como o sol no pino do Verão,
Caprichosos como cabritos folgazões, selvagens como jovens touros.

*Eu vi o jovem Henrique com o seu elmo
Elevar-se do chão como Mercúrio alado;
E saltar tão facilmente para a sua montada
Como um anjo caindo das nuvens
Para manobrar um Pégaso flamejante*([33]).

Naquele excelente livro, tão notável pela vivacidade das suas descrições, bem como pela solidez e penetração das suas frases, a Sabedoria do filho de Sirach, há um nobre panegírico do grande sacerdote Simão filho de Onias; e é um belo exemplo daquilo de que temos estado a falar. *Como ele foi venerado no meio do povo, na sua saída do santuário! Ele era como a estrela da manhã envolta numa nuvem e como a lua cheia; como o sol a brilhar sobre o templo do Altíssimo e como o arco-íris luzindo nas nuvens resplandecentes, e como o olíbano no verão, como fogo e incenso no turíbulo, e como um vaso de ouro cravejado de pedras preciosas, como uma bela oliveira carregada de frutos e como um cipreste que cresce até às nuvens. Quando ele vestiu o manto de honra e se cobriu da perfeição da glória, quando subiu ao altar sagrado, tornou venerável a indumentária da santidade. Ele próprio se prostrou ao lado do coração do altar, rodeado pelos seus irmãos, como um cedro jovem do Líbano e como palmeiras eles cercaram-no. Assim estavam todos os filhos de Aarão em sua glória e as oblações do Senhor em suas mãos, etc.*([34]).

([33]) Em inglês no original:
*All furnished, all in arms,
All plumes like ostriches, that with the wind
Baited like eagles having lately bathed:
As full of spirit as the month of May,
And gorgeous as the sun in Midsummer,
Wanton as youthful goats, wild as young bulls,
I saw young Harry with his beaver on
Rise from the ground like feathered Mercury;
And vaulted with such ease into his seat
As if an angel dropped down from the clouds
To turn and wind a fiery Pegasus.*
(Shakspeare, *Henry IV*, iv, i, 97-109).
([34]) Bíblia, *Eclesiastes*, I: 5-13.

SECÇÃO XIV

LUZ

Tendo considerado a extensão na medida em que é capaz de sugerir ideias de grandeza, a *cor* é o que devemos considerar em seguida. Todas as cores dependem da *luz*. A luz, então, deve antes ser examinada e com ela o seu oposto, a escuridão. No que diz respeito à luz, para que ela seja uma causa capaz de produzir o sublime, deve ser acompanhada de algumas circunstâncias para além da simples faculdade de mostrar outros objectos. A mera luz é uma coisa tão comum que não causa uma forte impressão na mente e sem uma forte impressão nada pode ser sublime. Mas uma luz como a do sol, imediatamente exercida sobre os olhos de modo a dominar este sentido, é uma ideia muito grandiosa. A luz com uma força inferior a esta, caso se mova com grande celeridade, tem o mesmo poder, pois o relâmpago certamente produz grandeza, que é devida principalmente à extrema velocidade do seu movimento. Uma transição rápida da luz para a escuridão, ou da escuridão para a luz, tem um efeito ainda maior. Mas a escuridão produz mais ideias sublimes do que a luz. O nosso grande poeta estava persuadido disto; e de facto de tal modo estava cheio desta ideia, de tal modo possuído pelo poder de uma escuridão bem administrada que, ao descrever a aparência da divindade por entre a profusão de imagens magníficas que a grandeza do assunto faz com que transbordem dele, nunca se esquece da obscuridade que rodeia o mais incompreensível de todos os seres, mas

E com a majestade da cegueira
Cobre o sólio([35])

E, o que não é menos digno de nota, o nosso autor possuía o segredo da preservação desta ideia, mesmo quando parece

---

([35]) Em inglês no original:
With the majesty of darkness *round*
Circles His throne
(Milton, *Paradise Lost*, ii, 266-7)

afastar-se mais dela, quando descreve a luz e a glória que emanam da presença divina; uma luz que pelo seu próprio excesso se converte numa espécie de escuridão,

Escura de agudo brilho a fímbria mostras([36])

Eis aqui uma ideia que não só é poética ao mais alto grau como justa estrita e filosoficamente. A luz extrema, ao ultrapassar os órgãos da visão, oblitera todos os objectos, de modo que no seu efeito se assemelha exactamente à escuridão. Depois de olharmos algum tempo para o sol, dois pontos negros, a impressão que ele deixa, parecem dançar à frente dos nossos olhos. Deste modo, duas ideias tão opostas quanto é possível imaginar reconciliam-se nos extremos de ambas; e ambas, apesar da sua natureza oposta, agem em conjunto para produzir o sublime. E este não é o único caso em que extremos opostos operam igualmente a favor do sublime, que detesta a mediocridade em todas as coisas.

SECÇÃO XV
A LUZ NA CONSTRUÇÃO DE EDIFÍCIOS

Uma vez que a gestão da luz é um assunto importante em arquitectura, vale a pena investigar até que ponto a observação precedente se aplica à construção de edifícios. Penso, então, que todos os edifícios que são calculados para produzir uma ideia do sublime devem ser escuros e soturnos, e isto por duas razões; a primeira é que sabemos por experiência em outros casos que a escuridão tem maior efeito sobre as paixões do que a luz. A segunda é que para tornar um objecto muito impressionante devemos fazê-lo tão diferente quanto possível

---

([36]) Dark *with excessive* light *thy skirts appear.* (Ibid., iii, 380.)

dos objectos familiares; quando, pois, entramos num edifício, não podemos passar para uma luz mais intensa do que aquela que temos ao ar livre; entrar num edifício que esteja apenas uns poucos graus menos luminoso não pode fazer grande diferença; mas para fazermos com que a transição seja verdadeiramente impressionante, devemos passar da maior luz para tanta escuridão quanta seja compatível com as funções da arquitectura. À noite deve vigorar a regra contrária, mas pelo mesmo motivo; e quanto mais um quarto estiver iluminado, tanto mais grandiosa será a paixão.

SECÇÃO XVI
AS CORES CONSIDERADAS COMO PRODUTORAS DO SUBLIME

Entre as cores, aquelas que são suaves, ou alegres (excepto talvez um vermelho forte que seja alegre) não são capazes de produzir grandes imagens. Uma montanha imensa coberta de um manto verde brilhante não se compara com uma outra que seja escura e soturna; o céu com nuvens é mais grandioso do que o céu azul; e a noite é mais sublime e solene do que o dia. Logo, na pintura histórica, um tecido alegre ou berrante nunca pode ter um efeito feliz: e nos edifícios, quando se pretende atingir o mais elevado grau do sublime, os materiais e ornamentos nunca devem ser brancos, nem verdes, nem amarelos, nem azuis, nem de um vermelho pálido, nem violeta, nem malhados, mas de cores tristes e foscas, como o preto, o castanho ou a púrpura intensa e outras semelhantes. A maior parte da talha dourada, dos mosaicos, das pinturas e estátuas pouco contribuem para o sublime. Só precisamos de por em prática esta regra quando quisermos produzir um grau uniforme da mais impressionante sublimidade, e isto em cada detalhe; pois devemos observar que este tipo de grandeza melancólica tem que ser estudado; nestes casos, o sublime tem que ser extraído de outras fontes; com extrema cautela quanto a tudo o que seja luminoso e alegre; pois nada estiola mais o gosto do sublime.

SECÇÃO XVII
SOM E RUÍDO

O olho não é o único órgão da sensação através do qual uma paixão sublime pode ser produzida. Os sons têm um grande poder sobre estas paixões, tal como sobre a maior parte das outras. Não me refiro a palavras, porque as palavras não afectam apenas em virtude dos seus sons mas por meios completamente diferentes. O ruído excessivo só por si é suficiente para dominar a alma, para suspender a sua acção e para enchê-la de terror. O barulho de cataratas imensas, de tempestades violentas, do trovão ou da artilharia desperta uma sensação grande e assombrosa na mente, embora não possamos observar qualquer refinamento ou artifício nesses tipos de música. Os gritos de uma multidão têm um efeito semelhante e apenas pela força do som espantam e confundem de tal modo a imaginação, que nesta hesitação e pressa da mente os temperamentos mais firmes quase não conseguem evitar serem perturbados e juntarem-se ao clamor e à resolução da multidão.

SECÇÃO XVIII
SUBITANIEDADE

O início súbito, ou a súbita paragem de um som de força considerável, tem o mesmo poder. A atenção é despertada por isto; e as faculdades são como que empurradas para a frente por estes. Seja o que for que, em visões ou sons, torne a transição de um extremo ao outro fácil, não causa qualquer terror e, consequentemente, não pode ser a causa de qualquer grandeza. Tendemos a estacar perante tudo o que é súbito e inesperado; ou seja, temos uma percepção de perigo e a nossa natureza impele-nos a dele nos defendermos. Podemos observar que um único som de alguma intensidade, embora dure pouco tempo, se for repetido a intervalos tem um grande efeito. Poucas coisas são mais terríveis do que as badaladas de um grande relógio, quando o silêncio da noite impede que a atenção se dissipe muito. O mesmo pode ser dito acerca de uma única batida num tambor, repetida com pausas; e do disparo sucessivo de um canhão ao longe; todos os efeitos mencionados nesta secção têm causas muito semelhantes.

SECÇÃO XIX
INTERMITÊNCIA

Um som baixo, trémulo, intermitente, embora pareça em alguns aspectos o oposto do que acabámos de mencionar, produz o sublime. Vale a pena examinar isto um pouco. O facto em si mesmo pode ser determinado pela experiência e reflexão de qualquer pessoa. Já tive ocasião de observar(*) que a noite aumenta mais o nosso terror do que, talvez, qualquer outra coisa; faz parte da nossa natureza que quando não sabemos o que nos pode acontecer, receamos o pior que nos pode acontecer; e daqui se segue que, sendo a incerteza tão terrível, muitas vezes procuremos livrar-nos dela correndo o risco de fazer alguma maldade. Ora, há alguns sons baixos, confusos e incertos que nos deixam no mesmo estado de ansiedade receosa quanto às suas causas em que a ausência de luz ou uma luz incerta nos deixa quanto aos objectos que nos rodeiam.

Tal como quando se faz caminho pela floresta, à luz escassa
De uma lua insegura(37).

(*) Secção 3.
(37) Tradução de M. H. Rocha Pereira. Em latim no original:
    Quale per incertam lunam sub luce maligna / Est iter in silvis.
    (Virgílio, *Eneida*, vi, 270-1)

Uma sombra ténue de luz incerta
Como uma lâmpada cuja vida se esvai.
Ou como a lua coberta pelas nuvens nocturnas
Se mostra a quem caminha com medo e grande aflição. ([38])

Mas uma luz que ora aparece, ora se apaga e assim por diante, ainda é mais terrível do que a escuridão total; e quando as disposições necessárias funcionam em conjunto, os sons de tipo incerto são mais alarmantes do que um completo silêncio.

SECÇÃO XX
DOS GRITOS DOS ANIMAIS

Aqueles sons que imitam as vozes naturalmente inarticuladas dos homens ou de outros quaisquer animais que sintam dor ou que estejam em perigo são capazes de transmitir grandes ideias, a não ser que se trate da voz familiar de uma criatura que costumemos olhar com desprezo. Os tons zangados das feras selvagens são igualmente capazes de nos causar uma sensação grande e terrível.

Daí se ouvem subir os gemidos e a fúria dos leões
Que recusam as cadeias e rugem, ainda alta noite;
Aí se enfurecem os javalis de cerdas e os ursos, em currais.
E uivam lobos de grande porte. ([39])

([38]) *A faint shadow of uncertain light*
Like a lamp, whose life doth fade away.
Or as the moon cloathed with cloudy night
Doth shew to him who walks in fear and great affright.
(Spenser, *Faerie Queene*, II, vii, 29)

([39]) Em latim no original:
Hinc exaudiri gemitus, iræque leonum
Vincla recusantum, et sera sub nocte rudentum;
Setigerique sues, atque in presepibus ursi
Sævire; et formæ magnorum ululare luporum.
(Virgílio, *Eneida*, vii, 15-18)

Pode parecer que estas modulações do som têm alguma ligação com a natureza das coisas que representam e que não são simplesmente arbitrárias; porque os gritos naturais de todos os animais, mesmo os daqueles que não conhecemos, nunca deixam de se fazer compreender suficientemente; o mesmo não pode ser dito acerca da linguagem. As modificações do som que podem produzir o sublime são quase infinitas. Aquelas que eu mencionei são apenas alguns exemplos para mostrar o princípio em que se baseiam.

SECÇÃO XXI
CHEIRO E PALADAR. AMARGOS E FEDORES

Os *cheiros* e os *paladares* também desempenham o seu papel nas ideias de grandeza; mas é uma parte pequena, por natureza fraca e limitada nas suas operações. Observarei apenas que não há cheiros ou paladares capazes de produzir uma grande sensação, excepto as coisas excessivamente amargas e os fedores intoleráveis. É verdade que estas afeições do cheiro e do paladar, quando estão na sua plenitude, e se exercem directamente sobre os nossos sentidos são simplesmente dolorosas e nenhuma espécie de deleite as acompanha; mas se forem moderadas, como numa descrição ou numa narrativa, tornam-se fontes de sublime tão genuínas como quaisquer outras e com base no mesmo princípio de uma dor moderada. 'Uma taça amarga'; esvaziar a amarga 'taça da fortuna'; as maçãs amargas de 'Sodoma'. Todas estas ideias são adequadas a uma descrição sublime. Nem deixa de ser sublime esta passagem de Virgílio, na qual o fedor dos miasmas em Albuneia conspira de forma tão feliz com o horror sagrado e o carácter soturno daquela floresta profética.

Perturbado com tais prodígios, o rei consulta os oráculos de Fauno,
Seu profético pai, e vai junto dos bosques da alta Albúnea
A maior das fontes sagradas, que nas florestas ressoa
Com grande estrépito, exalando na sombra hálitos de maléficos
vapores[40].

No sexto livro, numa descrição muito sublime, a exalação venenosa do Aqueronte não é esquecida e não está de modo nenhum em desacordo com as outras imagens no seio das quais é introduzida.

Havia uma caverna profunda, imensa, com uma vasta abertura.
Rochosa, defendida por um lago escuro e pelas trevas de um bosque.
Sobre ela não podiam as aves, no seu voo, abrir caminho
Às penas, impunes; tal era o hálito que das negras fauces
Se evolava e chegava até à superna abóbada[41].

Acrescentei estes exemplos porque alguns amigos, por cujo juízo tenho grande deferência, eram de opinião que se sentimentos como estes se apresentarem simplesmente sozinhos, seriam imediatamente considerados burlescos e ridículos; mas isto, penso, adviria principalmente de considerarmos a amargura e o fedor juntamente com ideias mesquinhas e desprezíveis, e temos que concordar que é com esse tipo de ideias que

---

[40] Em latim no original:
    At rex sollicitus monstrorum oraculi fauni
    Fatidici genitoris adit, lucosque sub alta
    Consulit Albunea, nemorum quae maxima sacro
    Fonte sonat; saevamque exhalat opaca Mephitim.
    (Virgílio, *Eneida,* vii, 81-4.)
[41] Tradução de Maria Helena da Rocha Pereira. Em latim no original:
    Spelunca alta *fuit,* vastoque immanis *hiatu*
    Scrupea, tuta lacu nigro, *nemorumque* tenebris
    Quam super haud ullae poterant impune volantes
    Tenderi iter pennis, talis sese halitus atris
    Faucibus effundens supera ad convexa ferebat.
    (Virgílio, *Eneida,* vi. 237-41.)

estão mais frequentemente unidos; tal união degrada o sublime em todos os outros casos e nestes também. Mas é um dos testes através dos quais o carácter sublime de uma imagem pode ser determinado; não se se torna mesquinho quando associado a ideias mesquinhas; mas se, quando unido a imagens de uma reconhecida grandeza, a composição no seu todo é sustentada com dignidade. As coisas que são terríveis são sempre grandiosas; mas as coisas que possuem qualidades desagradáveis, ou qualidades que tenham de facto algum grau de perigo, mas de um perigo fácil de ultrapassar, são apenas *odiosas*, como os sapos e as aranhas.

SECÇÃO XXII
SENSAÇÃO. DOR

Pouco mais pode ser dito acerca da sensação do que o seguinte, que a ideia de uma dor corporal em todos os graus de esforço, dor, angústia, tormento, produz o sublime; e nada mais neste sentido é capaz de produzi-lo. Não preciso de fornecer aqui novos exemplos, já que os usados nas secções anteriores ilustram abundantemente uma observação que na realidade apenas exige uma atenção à natureza que pode ser feita por toda a gente.

Tendo assim percorrido as causas do sublime com referência a todos os sentidos, podemos constatar que a minha primeira observação (secção 7) é bastante verdadeira; que o sublime é uma ideia que pertence à auto-preservação. Que é, portanto, a mais perturbadora que podemos ter. Que a sua emoção mais forte é uma emoção de aflição e que nenhum(*) prazer com origem numa causa positiva lhe pertence. Poderíamos aludir a inúmeros exemplos para além daqueles que foram dados para

---

(*) Vide Parte 1, secção 6.

sustentar estas verdades, e talvez muitas consequências úteis pudessem ser retiradas deles.

*Mas entretanto foge, foge o tempo irrecuperável,
Enquanto, seduzidos pelo tema, nós o percorremos em todos os pormenores*([42]).

---

[42] Em latim no original:
Sed fugit interea, fugit irrevocabile tempus,
Singula dum capti circumvectamur amore.
(Cf. Virgílio, *Geórgicas*, iii, 284-5).
*But time is lost, which never will renew,
While we too far the pleasing Path Pursue;
Surveying Nature, with too nice a view.*
(Dryden, *Georgics*, iii, 448-50)

PARTE III

SECÇÃO I
DA BELEZA

É meu propósito considerar a beleza enquanto qualidade distinta do sublime e, no decurso da investigação, examinar até que ponto aquela é consistente com este. Mas, primeiramente, devemos rever, de forma sumária, as opiniões já expendidas a respeito desta qualidade, as quais, segundo penso, são dificilmente redutíveis a princípios estáveis. Tal acontece porque os homens estão habituados a falar da beleza de um modo figurado, isto é, de uma maneira extremamente incerta e indeterminada. Por beleza entendo aquela ou aquelas qualidades dos corpos que provocam amor, ou uma paixão similar. Restrinjo esta definição às qualidades meramente sensíveis dos objectos, tendo em vista a preservação da máxima simplicidade num assunto que nos pode sempre dispersar, dadas as variadas causas de simpatia que nos ligam a quaisquer pessoas ou coisas em virtude de considerações secundárias e não da força directa que têm meramente por serem observadas. Da mesma forma, distingo amor – termo pelo qual quero significar aquela satisfação que é originada na mente através da contemplação de qualquer coisa bela, seja qual for a sua natureza – do desejo ou luxúria; a qual é uma energia da mente que nos precipita para a posse de certos objectos, que não nos afectam por serem belos mas por razões completamente diferentes. Podemos sentir um forte desejo por uma mulher sem beleza considerável, ao passo que a mais elevada beleza em homens ou outros animais, embora cause amor, não suscita nada parecido com o desejo. Ora, isto mostra que a beleza, e a paixão por esta causada – a que eu chamo amor - é diferente do desejo, ainda que o desejo possa, por vezes, actuar em conjunto com a beleza. Mas é ao desejo e não aos efeitos da beleza propriamente dita que devemos atribuir as paixões mais violentas e tempestuosas, assim como as consequentes emoções do corpo que acompanham o que é designado por amor nas suas acepções mais vulgares.

SECÇÃO II
A PROPORÇÃO NÃO É A CAUSA
DA BELEZA NOS VEGETAIS

A beleza tem sido usualmente considerada como consistindo em certas proporções entre partes. Ao reflectir sobre esta matéria tenho grandes razões para duvidar que a beleza possa ser de todo uma ideia pertencente à proporção. A proporção relaciona-se quase totalmente com a conveniência, tal como qualquer ideia de ordem. Logo, deve ser considerada como uma criatura do entendimento, em vez de uma causa primária actuando sobre os sentidos e a imaginação. Não é devido ao esforço de uma longa atenção e análise que consideramos um objecto bonito. A beleza não precisa do auxílio do nosso raciocínio e mesmo a vontade não está envolvida. A manifestação da beleza causa algum grau de amor em nós com tanta eficácia como a aplicação de gelo ou fogo produz as ideias de calor ou frio.
Para alcançar uma conclusão satisfatória neste ponto, seria bom averiguar primeiro o que é a proporção, visto que muitos dos que usam essa palavra nem sempre parecem compreender claramente o sentido do termo ou não possuem sequer ideias bem distintas relativamente à própria coisa. Ora, a proporção é a medida da qualidade relativa. Uma vez que toda a quantidade é divisível, é evidente que cada parte distinta em que toda a quantidade é dividida, deve ter alguma relação com as outras partes do todo. Estas relações dão origem à ideia de proporção. Descobrem-se através da medição e constituem objectos para

a investigação matemática. Mas é completamente indiferente para a mente que qualquer parte de uma quantidade determinada seja um quarto, um sexto, ou uma metade do todo; ou que tenha a mesma dimensão que qualquer outra parte ou seja o dobro ou metade. A mente é neutra em relação a esta questão. E é desta sua absoluta indiferença e tranquilidade que as especulações matemáticas derivam algumas das suas vantagens mais consideráveis, posto que não há nada que interesse a imaginação e o juízo permanece livre e imparcial para examinar a questão. As proporções, as disposições de quantidade, são todas iguais para o entendimento, porque para ele as mesmas verdades resultam de todos os casos: do maior, do menor; da igualdade e da desigualdade. Mas, certamente, a beleza não é uma ideia que pertença à mensuração, nem tem nada a ver com o cálculo e a geometria. Se tivesse, chamaríamos a atenção para certas medidas da beleza – ou tomadas em absoluto ou relacionadas com outras – que seríamos então capazes de demonstrar. E, no caso daqueles objectos cuja beleza não conseguimos avaliar senão com os sentidos, poderíamos apelar para este padrão fácil, confirmando a voz das nossas paixões pela determinação da nossa razão. Mas, dado que não temos esta ajuda, vejamos se a proporção pode, em algum sentido, ser considerada como a causa da beleza, tal como tem sido geralmente afirmado, e por alguns com tanta convicção. Se a proporção for uma das componentes da beleza, deve derivar esse poder ou, de algumas propriedades naturais inerentes a certas medidas, as quais operam mecanicamente; ou da influência do costume; ou da adequação de algumas medidas em relação a determinadas finalidades da conveniência. A nossa tarefa, por conseguinte, é averiguar se as partes dos objectos que consideramos belos, no reino vegetal ou animal, são constantemente formadas de acordo com tais medidas, o que chegará para nos convencer de que a sua beleza decorre dessas medidas, segundo o princípio de uma causa mecânica; de acordo com o costume; ou, por fim, tendo em conta a sua adequação para cumprir determinados propósitos. Pretendo examinar este ponto em todas as suas vertentes de acordo com a sua ordem própria. Mas antes de prosseguir, espero que não seja considerado impertinente enunciar as regras que me orientaram nesta investigação, e que me desorientaram caso me tenha equivocado. 1. Se dois corpos produzem o mesmo ou um efeito similar na mente, e se num exame se constatar que coincidem em algumas das suas propriedades e diferem em outras, o efeito comum deve atribuir-se às propriedades idênticas e não às diferentes. 2. Não se deve explicar o efeito de um objecto natural a partir do efeito de um objecto artificial. 3. Não se deve explicar o efeito de um objecto natural a partir de uma conclusão da nossa razão acerca dos seus usos, se pudermos atribuir-lhe uma causa natural. 4. Não se deve admitir como causa de um dado efeito uma qualquer quantidade determinada, ou uma qualquer relação de quantidade, se o efeito for produzido por medidas e relações diferentes ou opostas; ou se estas relações existirem sem que o efeito seja produzido. Estas são as regras que eu tenho principalmente seguido na investigação do poder da proporção enquanto causa natural. E se o leitor considerar estas regras justas, recomendo-lhe que as siga ao longo da discussão seguinte, quando averiguarmos, em primeiro lugar, em que coisas podemos encontrar a qualidade da beleza; de seguida, se elas possuem proporções suficientemente determinadas para nos persuadir que a nossa ideia de beleza resulta delas. Consideraremos este poder de causar prazer tal como aparece nos vegetais, nos animais inferiores e no homem. Voltando a nossa atenção para as criações vegetais, constatamos que não há nada mais belo aí do que as flores. Mas há flores com todo o tipo de figuras e disposições; apresentando-se e revestindo-se de uma infinidade de formas. E com base nestas formas os botânicos deram-lhes os seus nomes, que são quase tão variados. Que proporção encontramos entre os caules e as folhas das flores, ou entre as folhas e os pistilos? Em que medida o fino caule da rosa combina com a sua cabeça volumosa, em virtude da qual dobra? No entanto, a rosa é uma flor bela. Será que nos arriscamos a afirmar que uma grande parte da sua beleza se deve precisamente a essa desproporção? A rosa é uma flor grande, mas cresce num arbusto pequeno. A flor da maçã é muito pequena e cresce numa árvore grande. Porém, a rosa e as flores da maçã são ambas belas, e decoram as plantas que as suportam de forma sedutora, não obstante esta desproporção. O que pode ser mais belo do que uma laranjeira, florescendo com as suas folhas, flores e frutos? Mas é em vão que procuramos aqui qualquer proporção entre a altura, o volume, ou qualquer outra coisa atinente às dimensões do todo ou à relação das partes entre si. Concedo que, em muitas flores, podemos observar algo como uma figura regular e uma disposição metódica das folhas. A rosa tem uma tal figura e uma tal disposição das suas pétalas. Mas ela mantém a sua beleza mesmo numa perspectiva oblíqua, quando esta figura em grande medida se perde e a ordem das folhas se confunde. A rosa é ainda mais bela antes do seu florescimento completo, no estado de botão, antes que a sua figura exacta seja formada. E esta não é a única instância em que método e exactidão, a alma da proporção, acabam por se tornar mais prejudiciais do que úteis à causa da beleza.

SECÇÃO III
A PROPORÇÃO NÃO É A CAUSA DA BELEZA NOS ANIMAIS

A proporção não desempenha senão um papel diminuto na formação da beleza. E isto é bastante evidente no caso dos animais. Neste domínio, a maior variedade de formas e as disposições das partes adequam-se bem a suscitar esta ideia. O cisne, claramente um pássaro belo, possui um pescoço mais longo que o resto do seu corpo, mas uma cauda curta. Será esta uma proporção bela? Devemos admitir que é. Mas depois o que diremos do pavão que, comparativamente, possui um pescoço curto, e uma cauda mais longa do que o pescoço e o resto do corpo juntos? Quantos pássaros existem que variam infinitamente em relação a estes padrões, ou a qualquer outro que pudéssemos estabelecer, apresentando proporções diferentes, e por vezes directamente opostas entre si! E, no entanto, muitos destes pássaros são extremamente belos. Quando os consideramos, nada encontramos em cada uma das suas partes que possa determinar-nos, *a priori*, a afirmar como os outros deveriam ser. Nem sequer, aliás, encontramos algo que nos leve a adivinhar alguma coisa acerca deles, que a experiência não venha a mostrar ser um desapontamento e um erro. E no concernente às cores, quer dos pássaros, quer das flores – pois há algo de semelhante na coloração de ambos – não observamos nada que tenha a ver com a proporção, seja em relação à sua extensão ou à sua gradação. Alguns têm uma única cor, outros têm todas as cores do arco-íris. Alguns exibem cores primárias, outros cores mistas. Em suma, um observador atento depressa conclui que, na coloração, assim como nas formas destes objectos, pouco há que se relacione com a proporção. Consideremos em seguida os animais. Examinemos a cabeça de um cavalo belo. Procuremos averiguar a sua proporção em relação ao corpo e aos membros, e a proporção destes entre si; e quando tivermos estabelecido estas proporções como um padrão de beleza, consideremos então um cão ou um gato, ou qualquer outro animal, e averiguemos até que ponto as mesmas proporções entre as suas cabeças e os seus pescoços, entre estes e o corpo, e assim por diante, se verificam. Penso que podemos dizer, sem receios, que as proporções diferem em todas as espécies. No entanto, encontramos indivíduos em muitas destas espécies tão diversas que possuem uma beleza muito notável. Agora, se admitirmos que formas e disposições muito diferentes, e até contrárias, são consistentes com a beleza, isso equivale, creio, a conceder que, para a produzir, não são necessárias medidas exactas, operando a partir de um princípio natural, pelo menos no respeitante às espécies animais.

SECÇÃO IV
A PROPORÇÃO NÃO É A CAUSA DA BELEZA NA ESPÉCIE HUMANA

Algumas partes do corpo humano parecem apresentar certas proporções entre si. Mas antes que possa ser provado que a causa eficiente da beleza reside nelas, deve ser mostrado que sempre que estas proporções estiverem correctas, a pessoa a que pertencem é bela. Quero dizer, através do efeito produzido na visão, quer por qualquer membro considerado em particular, quer pelo corpo na sua totalidade. Da mesma maneira, também devemos mostrar que estas partes estão, entre si, numa relação tal que a comparação entre elas possa ser facilmente feita, e que a afecção da mente possa naturalmente daí resultar. Pela parte que me toca, examinei em diversas ocasiões, e com todo o cuidado, muitas dessas proporções, e verifiquei que eram semelhantes ou quase iguais em sujeitos muito diferentes uns dos outros, sendo uns muito belos e estando outros muito longe de o ser. As partes que constatamos serem proporcionais são por vezes tão distantes entre si, em situação, natureza e função, que não consigo entender como podem admitir alguma comparação, nem, consequentemente, como pode qualquer efeito devido à proporção resultar delas. Nos corpos belos, considera-se que o pescoço deveria adequar-se à barriga da perna; da mesma maneira, deveria medir o dobro da circunferência do pulso. Podemos encontrar uma infinidade de observações deste jaez nos escritos e conversas de muitos. Mas, que relação tem a barriga da perna com o pescoço; ou qualquer uma destas partes com o pulso? Estas proporções poderão ser certamente encontradas em corpos bonitos. Estão também certamente presentes em corpos feios, tal como qualquer um que se dê ao trabalho de verificar poderá constatar. Mais, não posso confirmar mas as proporções podem ser até menos perfeitas em alguns dos corpos mais belos. Podereis assinalar quaisquer proporções a contento relativamente a qualquer parte do corpo humano. Asseguro até que um pintor pode observá-las todas religiosamente e, não obstante, produzir, se quiser, uma figura muito feia. O mesmo pintor pode desviar-se consideravelmente destas proporções e produzir, ainda assim, uma figura muito bela. E, de facto, pode ser observado nas obras-primas da estatuária antiga e moderna, que muitas delas diferem amplamente das proporções de outras, em partes extremamente conspícuas e dignas de consideração; e que não diferem menos das proporções que encontramos em homens vivos, possuidores de formas extremamente tocantes e agradáveis. E, afinal de contas, como chegam a acordo entre si os defensores da beleza proporcional acerca das proporções do corpo humano? Alguns sustentam que deve medir sete cabeças; outros defendem oito; ao passo que outros estendem a medida para dez; uma vasta diferença num número tão pequeno de divisões! Outros usam métodos diferentes para estimar a proporção e todos alcançam idêntico sucesso. Mas são estas proporções exactamente as mesmas em homens bonitos? Ou correspondem, de todo, às proporções encontradas em mulheres belas? Ninguém dirá que sim. No entanto, ambos os sexos são susceptíveis de beleza, e a mulher é capaz até da beleza mais elevada. Acredito que a sua preeminência dificilmente poderá ser atribuída à superior exactidão da proporção no belo sexo. Centremos, por um momento, a nossa atenção neste ponto e consideremos quanta diferença existe entre as medidas que predominam em partes muito similares do corpo, nos dois sexos desta espécie apenas. Se assinalardes quaisquer medidas determinadas aos membros do homem, e se limitardes a beleza humana a estas proporções, perante uma mulher que difere na forma e na medida de quase todas as partes, devereis concluir que ela não é bela, a despeito das sugestões da imaginação. Ou, obedecendo à vossa imaginação devereis renunciar às vossas regras; deveis pôr de lado a régua e o compasso, e procurar outra causa da beleza. Pois, se a beleza estiver ligada a certas medidas que operam segundo um *princípio na natureza*, porque deveriam ser consideradas belas partes que são semelhantes mas que apresentam diferentes medidas de proporção, e logo na mesma espécie?

Mas, para alargar o nosso ponto de vista um pouco, vale a pena observar que quase todos os animais possuem partes quase da mesma natureza, e destinadas quase às mesmas finalidades; uma cabeça, pescoço, corpo, pés, ouvidos, nariz e boca. Todavia, a Providência, para proporcionar, da melhor maneira, a satisfação das diversas necessidades dos animais, e para mostrar as riquezas da sua sabedoria e bondade na criação, construiu a partir destes poucos e semelhantes órgãos e membros, uma diversidade próxima da infinidade na sua disposição, medidas e relação. Mas, como observámos antes, no âmbito desta diversidade infinita, existe uma particularidade comum a muitas espécies. Alguns dos seus membros são capazes de nos afectar suscitando o nosso amor. E, na mesma medida em que convergem na produção deste efeito, divergem em grau extremo nas medidas relativas daquelas partes que o produziram. Estas considerações chegaram para me levar à rejeição da noção de quaisquer proporções particulares que operassem na natureza para produzir um efeito agradável. Mas, aqueles que concordarem comigo no respeitante a uma proporção em particular, estão fortemente predispostos a favorecer uma outra mais indefinida. Imaginam que, apesar de a beleza em geral não se associar a certas medidas comuns aos diferentes tipos de animais e plantas agradáveis, todavia, existe uma certa proporção em cada espécie, que é essencial à sua beleza em particular. Se considerarmos o mundo animal em geral, constatamos que a beleza não está confinada a medidas exactas. Mas, como o que distingue cada classe particular de animais é uma medida e relação peculiar das partes, deve necessariamente acontecer que o belo em cada tipo deverá ser encontrado nas suas medidas e proporções, porque, de outra forma, desviar-se-ia da sua espécie própria, e tornar-se-ia, de certa forma, monstruoso: no entanto, nenhuma espécie está confinada tão rigidamente a proporções exactas que não haja uma variação considerável entre os indivíduos. E podemos mostrar a propósito dos animais o mesmo que se pode mostrar acerca dos humanos, que a beleza se encontra indiferentemente em todas as proporções que cada tipo pode admitir, sem que perca a sua forma comum. E é esta ideia de uma forma comum que faz com que a proporção das partes seja sequer considerada e não a operação de qualquer causa natural. Na verdade, um pouco de reflexão mostrará que não é a medida mas a figura que cria toda a beleza que pertence à forma. Em que é que estas proporções tão alardeadas nos esclarecem quando estudamos desenho ornamental? Parece-me espantoso que os artistas, pretendendo-se convencidos que a proporção é a principal causa da beleza, não tenham com eles sempre à mão medições rigorosas de todos os tipos de animais belos para os ajudar a determinar as proporções certas quando concebem algo elegante, sobretudo porque frequentemente asseveram que é a observação do belo na natureza que orienta a sua prática. Eu sei que há muito tempo se diz, e isto passou de um escritor para outro mil vezes, que as proporções na construção de edifícios foram extraídas das do corpo humano. Para completar esta analogia forçada, representam um homem com os seus braços erguidos e estendidos no seu comprimento total, descrevendo depois uma espécie de quadrado formado através da passagem de linhas ao longo das extremidades desta estranha figura. No entanto, parece-me bastante claro que a figura humana nunca forneceu ao arquitecto nenhuma destas ideias. Porquanto, em primeiro lugar, os homens raramente são vistos nesta postura tensa; não lhes é natural; nem sequer lhes fica bem. Em segundo lugar, a vista da figura humana nessa disposição não sugere naturalmente a ideia de um quadrado mas sim de uma cruz; na medida em que aquele vasto espaço entre os braços e o chão deve ser preenchido com alguma coisa para fazer alguém pensar num quadrado. Em terceiro lugar, muitos edifícios planeados pelos melhores arquitectos não têm, de modo algum, a forma desse quadrado em particular e, não obstante, produzem um efeito tão bom, senão melhor. E certamente nada poderia ser mais comprovadamente extravagante que um arquitecto tomar a figura humana como modelo da sua execução, visto que não pode haver menos semelhança e analogia entre duas coisas que entre um homem e uma casa ou templo. Será preciso dizer que as suas finalidades são completamente distintas? Suspeito que estas analogias foram concebidas para dar crédito às obras de arte, mostrando uma conformidade entre estas e as mais nobres obras na natureza, sem que as últimas tenham servido de todo para inspirar a perfeição das primeiras. E estou ainda mais convencido que os partidários da proporção transpuseram as suas ideias artificiais para a natureza, e não obtiveram dela as proporções que usam nas obras de arte. Porque em qualquer discussão acerca deste tema, abandonam o mais depressa possível o campo aberto das belezas naturais, o reino animal e vegetal, e acantonam-se nas linhas e ângulos artificiais da arquitectura. Pois existe na humanidade uma propensão infeliz para fazer ela própria, os seus pontos de vista e obras, a medida de excelência em seja o que for. Por conseguinte, tendo observado que os seus domicílios eram mais cómodos e sólidos quando eram construídos de forma regular, com partes coordenadas entre si, aplicaram estas ideias aos seus jardins. Transformaram as suas árvores em pilares, pirâmides e obeliscos; tornaram as suas sebes em outras tantas paredes verdes, e deram a forma de quadrados, triângulos, e outras figuras matemáticas, com exactidão e simetria, aos seus caminhos. Pensaram que se não estavam a imitar, estavam, pelo menos, a melhorar a natureza, ensinando-lhe como devia cumprir a sua tarefa. Mas a natureza escapou finalmente da sua disciplina e dos seus grilhões. E os nossos jardineiros, quanto mais não seja, declaram que começam a sentir que as ideias matemáticas não são as verdadeiras medidas da beleza. E certamente contam muito pouco, tanto no mundo animal como no vegetal. Pois não será extraordinário, que nestas belas peças descritivas, inumeráveis odes e elegias, que andam pelas bocas de todo o mundo, tendo muitas delas servido de entretenimento durante séculos, que nestas peças que descrevem o amor com tanta energia apaixonada e representam o seu objecto sob uma variedade infinita de perspectivas, nenhuma palavra seja dita acerca da proporção, admitindo que seja o que tantos insistem que é, a principal componente da beleza; sendo que, ao mesmo tempo, muitas outras qualidades são muito frequente e calorosamente mencionadas? Mas se a proporção não possui este poder, pode parecer estranho que os homens tenham uma tal predisposição a seu favor. Esta teve origem, imagino, no apreço, que acabei de mencionar, que os homens desenvolvem, de forma tão notável, em relação às suas obras e noções; nos raciocínios falsos sobre os efeitos das figuras familiares dos animais; e na teoria Platónica da conveniência e aptidão. Por isso, na próxima secção, considerarei os efeitos do costume na figura dos animais; e, seguidamente, a ideia de conveniência, uma vez que se a proporção não opera através de um poder natural de certas medidas, então deve operar ou pelo costume, ou pela ideia de utilidade, não havendo outra maneira.

SECÇÃO V

A PROPORÇÃO APROFUNDADA

Se não erro, o prejuízo a favor da proporção surgiu, em grande parte, não tanto da observação de quaisquer medidas exactas encontradas em corpos belos mas sobretudo de uma ideia errada acerca da relação que a deformidade tem com a beleza, da qual é considerada o oposto. Partindo deste princípio concluiu-se que, se removêssemos as causas da deformidade, a beleza surgiria natural e necessariamente. Creio que isto é um erro. Visto que a *deformidade* opõe-se, não à beleza, mas à *forma completa normal*. Se acontecer que uma das pernas de um homem for mais curta que outra, o homem é deformado. Porque há qualquer coisa em falta para completar a ideia total que formamos de um homem, e isto tem o mesmo efeito em defeitos naturais, como as amputações e mutilações produzidas por acidente. Assim, se as suas costas são corcovadas, o homem é deformado porque as suas costas têm um aspecto anormal, estando isso associado à ideia de alguma doença ou infortúnio. Assim, se o pescoço de um homem for consideravelmente mais longo ou mais curto que o habitual, dizemos que ele é deformado nessa parte, visto que a constituição dos homens não apresenta essa forma habitualmente. Mas certamente, a experiência do quotidiano pode convencer-nos que um homem pode ter as suas pernas do mesmo tamanho, e assemelhar-se a qualquer outro em todos os aspectos, o seu pescoço do tamanho certo, as suas costas bem direitas, sem que ao mesmo tempo apresente a mínima beleza perceptível. Na verdade, a beleza está tão longe de pertencer à ideia do costume, que aquilo que nos afecta dessa maneira é extremamente raro e invulgar. O Belo espanta-nos tanto pela sua novidade como o que é disforme. É assim naquelas espécies de animais a que estamos acostumados. E se um exemplar de uma nova espécie nos fosse apresentado, não seria preciso esperar que o costume tivesse estabelecido uma ideia de proporção para que pudéssemos decidir relativamente à sua beleza ou fealdade. O que mostra que a ideia geral de beleza tem tanto a ver com a proporção adquirida pelo costume como com a natural. A deformidade surge da falta das proporções comuns. Contudo, o resultado necessário da existência dessas proporções comuns num qualquer objecto não é a beleza. Se supusermos que, nos objectos naturais, a proporção é relativa ao costume e ao uso, a natureza do uso e do costume mostrarão que a beleza, uma qualidade *positiva* e poderosa, não pode resultar daí. A nossa constituição é tão maravilhosa que, embora sejamos criaturas veementemente desejosas de novidade, estamos, ao mesmo tempo, fortemente ligados ao hábito e ao costume. Mas é da natureza das coisas que nos prendem pelo costume afectar-nos muito pouco quando estamos na posse delas, mas fortemente quando estão ausentes. Lembro-me de ter frequentado um determinado lugar, todos os dias durante uma longa temporada; e posso afirmar com sinceridade que, longe de encontrar prazer nisso, era afectado por uma sorte de enfado e desgosto. Ia, vinha e regressava sem prazer. Porém, se, por qualquer razão, passava a hora a que costumava ir, ficava consideravelmente inquieto, e não sossegava enquanto não regressasse ao meu trilho antigo. Aqueles que usam rapé usam-no quase como se não sentissem que o usam, e o seu olfacto é enfraquecido, ao ponto de quase nada sentirem de um estímulo tão intenso. No entanto, privai o consumidor de rapé da sua caixa, e ele transformar-se-á no mortal mais inquieto do mundo. De facto, o uso e o hábito, meramente enquanto tais, estão tão longe de constituir causas de prazer que o efeito derivado do uso constante é tornar todas as coisas de qualquer natureza inteiramente indiferentes. Porque se o uso, em última análise, remove o efeito doloroso de muitas coisas, também reduz o efeito agradável de outras, trazendo a ambas uma espécie de mediocridade e indiferença. Muito justamente se chama ao hábito segunda natureza. E o nosso estado natural e comum caracteriza-se por uma absoluta indiferença, igualmente susceptível à dor e ao prazer. Mas quando somos arrancados deste estado, ou privados do que é necessário para nos mantermos nele, e quando isto não resulta do prazer provocado por uma causa mecânica, sentimo-nos sempre magoados. O mesmo acontece com a segunda natureza, o costume, em todas as coisas que se relacionam com ele.

Por conseguinte, a falta de proporções usuais nos homens e em outros animais é certo que causará desgosto, ainda que a sua presença não seja, de forma alguma, causa de um prazer real. É verdade que as proporções apresentadas como causas de beleza no corpo humano são frequentemente encontradas nos indivíduos belos, porque são geralmente encontradas em toda a humanidade. Mas se também puder ser demonstrado que se encontram onde não existe beleza, e que a beleza frequentemente existe sem elas, e que esta beleza, quando existe, pode ser sempre atribuída a outras causas menos equívocas, naturalmente concluiremos que a proporção e a beleza não são ideias da mesma natureza. O verdadeiro oposto da beleza não é a desproporção ou a deformidade, mas a fealdade. E como a fealdade deriva de causas opostas às da beleza positiva, não podemos considerar aquela antes de tratar esta. Entre a beleza e a fealdade há uma espécie de mediocridade, onde encontramos vulgarmente as proporções convencionais, mas isto não surte nenhum efeito nas paixões.

SECÇÃO VI
A CONVENIÊNCIA NÃO É A CAUSA DA BELEZA

Diz-se que a ideia de utilidade, ou a de que uma parte é bem adequada a cumprir o seu fim, é a causa da beleza, ou, em boa verdade, a própria beleza. A não ser em virtude desta opinião, teria sido impossível sustentar a doutrina da proporção por muito tempo. O mundo depressa se cansaria de ouvir falar de medidas sem qualquer relação seja com um princípio natural, seja com a conveniência em relação à realização de um fim. A ideia que a humanidade concebe mais comummente da proporção é a adequação dos meios em relação a determinados fins, e quando não é esta a questão, raramente perdemos tempo com os efeitos causados pelas diferentes medidas das coisas. Consequentemente, esta teoria teve que insistir que, não só objectos artificiais mas também naturais, derivavam a sua beleza da adequação das partes às suas diversas finalidades. Mas, ao enunciar esta teoria, receio que a experiência não tenha sido suficientemente consultada. Visto que, de acordo com esse princípio, o focinho cuneiforme de um suíno, com a sua cartilagem dura no final, os olhos pequenos e encovados, e toda a forma da sua cabeça, tão bem adaptada às funções de escavar e desenterrar, seria extremamente belo. O grande saco suspenso do bico do pelicano, algo extremamente útil a este animal, teria de ser igualmente belo aos nossos olhos. O ouriço-cacheiro, tão bem protegido contra todos os assaltos pela sua cobertura espinhosa e o porco-espinho, com os seus dardos como projécteis, seriam considerados criaturas de não pequena elegância. Haverá poucos animais, cujas partes sejam tão bem concebidas como as do macaco. Tem as mãos do homem, juntamente com os membros elásticos de uma besta; é admiravelmente constituído para correr, saltitar, agarrar-se e trepar: e, todavia, existem poucos animais que pareçam ter menos beleza aos olhos da humanidade. Pouco preciso de dizer a respeito da tromba do elefante, de utilidade tão variada, e que tão pouco contribui para a sua beleza. O lobo é bem constituído para correr e saltar. O leão está admiravelmente armado para a batalha. Mas será que, em consequência disso, alguém considerará o elefante, o lobo e o leão, animais bonitos? Creio que ninguém pensará que a forma das pernas do homem será tão bem adaptada para correr como a de um cavalo, um cão, um veado e bastantes outras criaturas. Pelo menos não tem tal aparência: contudo, acredito que todos admitirão que uma perna humana bem desenhada excederá todas essas em beleza. Se o carácter agradável da forma das partes consistisse na sua conveniência, então o modo como efectivamente são usadas certamente aumentá-lo-ia. Mas embora por vezes isto aconteça devido a outro princípio, está longe de ser a regra geral. Um pássaro a voar não é tão belo como quando está empoleirado. Ademais, muitas das aves domésticas raramente são vistas a voar, e não são menos bonitas por causa disso. No entanto, os pássaros são tão diferentes das bestas e dos seres humanos quanto à sua forma, que não se pode, com base no princípio da conveniência, atribuir-lhes qualquer qualidade agradável, a não ser que considerássemos que as suas partes são concebidas deveras para outras finalidades. Nunca na minha vida tive a oportunidade de ver um pavão a voar. No entanto, antes, muito antes de considerar qualquer aptidão da sua forma para a vida aérea, fui tocado pela sua beleza extrema, a qual coloca essa ave num patamar superior a muitas das melhores bestas voadoras do mundo; apesar de, por aquilo que pude constatar, os seus hábitos de vida serem um pouco como os do suíno, que também se alimenta no terreiro da quinta. O mesmo pode ser afirmado de galos, galinhas e outros exemplos parecidos. Na figura são do tipo volante, mas no modo como se movem não diferem muito do homem e das bestas. Deixando de lado estes exemplos estranhos, se a beleza na nossa própria espécie estivesse associada ao uso, os homens seriam muito mais bonitos que as mulheres e a força e a agilidade seriam consideradas como as únicas belezas. Mas designar a força pelo nome de beleza, não ter senão uma denominação para as qualidades de Vénus e Hércules, tão diferentes em quase todos os aspectos, é certamente uma confusão de ideias ou um abuso de palavras. Imagino que a causa desta confusão procede da nossa frequente percepção das partes do corpo humano e de outros animais como sendo ao mesmo tempo muito bonitas e bastante bem adaptadas às suas finalidades. E somos, assim, iludidos por um sofisma que nos leva a tomar por causa aquilo que constitui apenas um concomitante. Este é o sofisma da mosca que imaginou ter levantado muita poeira porque pousou no carro que, de facto, a tinha levantado. O estômago, os pulmões, o fígado, tal como outras partes, são incomparavelmente bem adaptados às suas funções; no entanto, estão longe de possuir qualquer beleza. Da mesma forma, existem muitos objectos assaz belos, nos quais é impossível discernir qualquer ideia relacionada com o uso. E apelo aos mais primordiais e naturais sentimentos da humanidade: quando observamos uns olhos bonitos, uma boca bem desenhada ou uma perna bem torneada, será que se apresenta qualquer ideia da sua conveniência para ver, comer ou correr? Qual é a ideia de utilidade que as flores, a parte mais bonita do mundo vegetal suscitam? É verdade que o infinitamente bom e sábio Criador, devido à sua bondade, juntou frequentemente beleza às coisas úteis que concebeu para nós. Mas isto não prova que a ideia de utilidade e beleza sejam a mesma coisa; ou que sejam, de algum modo, dependentes uma da outra.

SECÇÃO VII
OS EFEITOS REAIS DA CONVENIÊNCIA

Quando excluí a proporção e a conveniência de prestarem qualquer contributo para a beleza, não queria dizer, de modo algum, que eram destituídas de valor, ou que não deveriam ser tidas em conta nas obras de arte. As obras de arte são a esfera própria do seu poder e é aqui que exercem todo o seu efeito. Sempre que a sabedoria do nosso Criador quer que sejamos afectados por qualquer coisa, não confia a execução do seu desígnio à lânguida e precária operação da nossa razão; mas dota-a com poderes e propriedades que travam o entendimento, e mesmo a vontade, e que, partindo dos sentidos e da imaginação, cativam a alma antes que o entendimento esteja pronto para se juntar a eles ou para se lhes opor. É através de uma longa dedução e muito estudo que descobrimos a adorável sabedoria de Deus nas suas obras: quando a descobrimos, o efeito é muito diferente daquele com que nos atinge, sem qualquer preparação, o sublime e o belo, não apenas no modo de aquisição, mas na sua própria natureza. Quão diferente é a satisfação de um anatomista que descobre a utilidade dos músculos e da pele, a excelente aptidão daqueles para os vários movimentos do corpo, e a textura maravilhosa desta, que tanto é uma cobertura geral como uma via de saída e de entrada; quão diferente é isto da afecção que possui um homem comum perante a vista de uma pele macia e delicada, e todas as outras componentes da beleza que não requerem qualquer investigação para serem percebidas? No primeiro caso, ao mesmo tempo que nos erguemos para o Criador com admiração e gratidão, o objecto que as causa pode ser odioso e desagradável. No último, muitas vezes nos toca devido ao poder que exerce na imaginação, a ponto de pouco nos determos no artifício da sua habilidade. E precisamos de um grande esforço da nossa razão para desembaraçar as nossas mentes da fascinação do objecto e considerar a Sabedoria que inventou uma máquina tão poderosa. O efeito da proporção e da conveniência, pelo menos quando procede da mera consideração da obra em si, produz aprovação, a aquiescência do entendimento, mas não amor, nem qualquer paixão dessa espécie. Quando examinamos a estrutura de um relógio e alcançamos conhecimento total da função de cada parte, ainda que nos satisfaça a conveniência das partes em relação ao todo, estamos longe de poder perceber algo como a beleza na própria maquinaria do relógio. Mas se considerarmos a gravura na caixa do relógio, o labor de algum artista curioso sem qualquer ideia de utilidade, teremos uma ideia muito mais vívida da beleza do que aquela que poderíamos ter obtido do relógio em si mesmo, ainda que este fosse uma obra-prima de Graham[43]. Quanto se trata da beleza, como disse, o efeito é anterior a qualquer conhecimento da utilidade; mas, para julgar acerca da proporção, devemos conhecer o fim para o qual qualquer obra foi concebida. A proporção varia de acordo com a finalidade. Logo, há uma proporção para uma torre, outra para uma casa; uma proporção de uma galeria, outra de um corredor de entrada, outra de uma câmara. Para julgar as proporções destas, tereis primeiro de conhecer as finalidades para as quais foram concebidas. O bom senso e a experiência actuando em conjunto descobrem o que é conveniente para ser executado em qualquer obra de arte. Somos criaturas racionais e em todas as nossas obras devemos considerar o seu fim e propósito; a gratificação de qualquer paixão, por mais inocente, deve ter apenas uma importância secundária. Aqui se revela o poder real da conveniência e da proporção; elas operam através do entendimento, o qual *aprova* a obra e aquiesce. As paixões, e a imaginação que principalmente as inflama, têm aqui muito pouco que fazer. Quando um quarto aparece na sua nudez original, com paredes vazias e um tecto despido, ainda que a sua proporção seja excelente, ele pouco nos agradará e uma fria

---

[43] Um grande fabricante inglês de relógios da época.

aprovação é o máximo que podemos alcançar. Em contrapartida, um quarto muito pior proporcionado, com frisos elegantes e belas grinaldas, espelhos e outras mobílias meramente ornamentais, fará com que a imaginação se revolte contra a razão e agradará muito mais do que a nua proporção do primeiro quarto, entusiasticamente aprovado pelo entendimento dada a sua conveniência para cumprir as suas finalidades. Não pretendo de modo algum, com o que disse acerca da proporção, persuadir as pessoas a negligenciar, absurdamente, a ideia de utilidade nas obras de arte. Pretendo apenas mostrar que estas coisas excelentes, beleza e proporção, não são o mesmo e não que alguma delas deva ser desconsiderada.

SECCÃO VIII

RECAPITULAÇÃO

Em suma, se as partes dos corpos humanos que são consideradas proporcionais fossem sempre também consideradas belas, o que certamente não acontece; ou se estivessem relacionadas de tal forma que um prazer pudesse decorrer da sua comparação, o que raras vezes ocorre; ou se encontrássemos sempre associadas à beleza quaisquer proporções assinaláveis, quer em plantas, quer em animais, o que nunca é o caso; ou se as partes fossem consistentemente belas quando adaptadas aos seus fins, e se não houvesse beleza quando nenhuma utilidade fosse aparente, o que contraria toda a experiência; poderíamos concluir que a beleza consiste na proporção ou na utilidade. Mas, uma vez que o que se passa é precisamente o oposto, podemos ficar satisfeitos ao concluir que a beleza, seja qual for a sua origem, não depende destes aspectos.

SECÇÃO IX
A PERFEIÇÃO NÃO É A CAUSA DA BELEZA

Existe uma outra noção corrente que está relacionada, de forma muito estreita, com a última: a de que a perfeição é a causa constituinte da beleza. Esta opinião foi concebida de modo a ter um âmbito bastante mais amplo do que os objectos sensíveis. Mas nestes, a perfeição considerada enquanto tal, está longe de ser a causa da beleza; tanto é assim que esta qualidade, quando se encontra no seu mais elevado grau no sexo feminino, implica, quase sempre, uma ideia de fraqueza e imperfeição. As mulheres compreendem isto muito bem, razão pela qual aprendem a balbuciar, a vacilar no seu andar, a simular fraqueza e mesmo enfermidade. Em tudo isto, são guiadas pela natureza. A beleza em situações de aflição é, sem dúvida, a mais tocante. Enrubescer não tem muito menos poder; e a modéstia em geral, a qual é uma admissão tácita de imperfeição, é em si mesma considerada uma qualidade agradável, e certamente intensifica qualquer outra que o seja. Está na boca de toda a gente, eu sei, que devemos amar a perfeição. Isto é, para mim, uma prova suficiente de que ela não é o objecto próprio do amor. Quem disse alguma vez, *devemos* amar uma bela mulher, ou até qualquer um destes belos animais que nos agradam? Nestes casos, para sermos afectados não se requer a participação da nossa vontade.

SECÇÃO X
ATÉ QUE PONTO A IDEIA DE BELEZA PODE SER APLICADA ÀS QUALIDADES DA MENTE

Este comentário não é, em geral, menos aplicável às qualidades da mente. As virtudes que causam admiração, como a fortaleza, a justiça, a sabedoria e outras semelhantes, são do tipo mais sublime e produzem terror em lugar de amor. Nunca estas qualidades tornaram um homem amável. Aquelas que cativam os nossos corações, que nos impressionam com o seu encanto, são as virtudes suaves: delicadeza de temperamento, compaixão, doçura e liberalidade. Embora certamente estas últimas tenham uma importância menos imediata e urgente para a sociedade e menor dignidade. Mas é por essa razão que são tão amáveis. As grandes virtudes têm a ver principalmente com perigos, punições e problemas, sendo mais exercitadas para prevenir os piores embustes do que para dispensar favores. E, por conseguinte, não são amáveis, a despeito de serem altamente veneráveis. As virtudes subordinadas têm a ver com assistência, gratificações e indulgências e são, consequentemente, mais amáveis, apesar de inferiores em dignidade. Aquelas pessoas que se insinuam na maior parte dos corações, as que são escolhidas como companheiras nas horas mais doces, e como remédio da preocupação e ansiedade, nunca são pessoas de qualidades brilhantes ou virtudes fortes. Antes é no verde suave da alma que descansamos os nossos olhos, cansados que estão de fitar objectos mais brilhantes. Vale a pena observar o modo como nos sentimos afectados quando lemos acerca dos caracteres de César e Catão, tal como são tão finamente descritos e contrastados em Salústio. No primeiro, o *ignoscendo, largiundo*; no outro, *nil largiundo.* Naquele, o *miseris perfugium*; neste, *malis periniciem*([44]). No segundo temos muito para admirar e para reverenciar, e talvez algo a temer; respeitamo-lo, mas reservamos uma certa distância. O primeiro torna-nos familiares com ele, amamo-lo, e conduz-nos onde quiser. Para aproximar tudo isto dos nossos mais naturais e primordiais sentimentos, acrescentarei uma observação feita por um amigo engenhoso ao ler esta secção. A autoridade de um pai, tão útil ao nosso bem-estar, e tão justamente venerável sob qualquer ponto de vista, impede-

---

([44]) Salústio, *Bellum Catilinae*, 54.3. Eis a comparação, estabelecida por Salústio, entre Catão e César, que contém as expressões referidas por Burke: "Caesar dando, sublevando, ignoscendo, Cato nili largiundo gloriam adepens est. In altero miseris perfugium erat, in altero matis pernicis" Isto é, "César alcançara a glória à força de dar, de aliviar, de perdoar, Catão, pela sua vontade de não dar nada. O primeiro era o refúgio dos infelizes, o segundo a ruína dos desgraçados."

-nos de sentir por ele aquele amor pleno que temos pelas nossas mães, cujo carinho e indulgência atenuam a autoridade parental. Mas geralmente temos um grande amor pelos nossos avós, nos quais a autoridade é mais remota, e a fraqueza da idade transforma-a em algo parecido com a parcialidade feminina.

SECÇÃO XI

ATÉ QUE PONTO A IDEIA DE BELEZA PODE SER APLICADA À VIRTUDE

Por aquilo que foi afirmado na secção anterior, poderemos facilmente verificar até que ponto a aplicação da beleza à virtude pode ser feita com propriedade. A aplicação genérica desta qualidade à virtude tem a forte tendência para confundir as nossas ideias acerca das coisas e abriu o caminho a uma quantidade infinita de teorias fantasiosas, que dão o nome de beleza à proporção, à congruência e à perfeição, bem como a qualidades das coisas ainda mais distantes das nossas ideias naturais acerca dela, e umas das outras. Esta aplicação tendeu a confundir as nossas ideias de beleza, dando-nos um padrão ou regra para julgar mais incerto e falacioso ainda do que as nossas próprias fantasias. Esta maneira vaga e imprecisa de falar desviou-nos, por conseguinte, tanto na teoria do gosto como na da moral e induziu-nos a retirar a ciência dos nossos deveres da sua base apropriada (a nossa razão, as nossas relações e necessidades) baseando-a em fundamentos simultaneamente visionários e frágeis.

SECÇÃO XII

A CAUSA EFECTIVA DA BELEZA

Tendo-me esforçado por mostrar o que a beleza não é, resta-me agora averiguar, pelo menos com igual atenção, em que consiste realmente. A beleza afecta-nos tão intensamente que deve depender de algumas qualidades positivas. E, visto que não é uma criatura da nossa razão, visto que nos toca sem nenhuma relação com a utilidade, e mesmo onde nenhuma utilidade pode ser discernida; visto que a ordem e o método da natureza são geralmente muito diferentes das nossas medidas e proporções, devemos concluir que a beleza é, na grande maioria dos casos, alguma qualidade presente nos corpos que age mecanicamente sobre a mente humana através da intervenção dos sentidos. Logo, devemos considerar atentamente o modo como estas qualidades sensíveis estão dispostas nas coisas que, por experiência, consideramos belas, ou que excitam em nós a paixão do amor, ou qualquer afecção correspondente.

SECCÃO XIII

OS OBJECTOS BELOS SÃO PEQUENOS

O aspecto mais óbvio que se nos apresenta ao examinar qualquer objecto é a sua extensão ou dimensão. E podemos constatar o grau de extensão que predomina nos corpos considerados belos se atendermos ao modo como normalmente falamos acerca da beleza. Foi-me dito que na maior parte das línguas, referimo-nos aos objectos do amor através de epítetos diminutivos. Assim acontece em todas as línguas de que tenho conhecimento. No Grego, o ιων, e outros termos diminutivos, são quase sempre os termos da afeição e da ternura. Estes diminutivos foram comummente acrescentados pelos Gregos aos nomes das pessoas com quem mantinham relações de amizade e familiaridade. Embora os Romanos fossem um povo de sentimentos menos rápidos e delicados, naturalmente aderiram a diminutivos para ocasiões semelhantes. Outrora, na linguagem inglesa, o diminutivo *ling* foi acrescentado aos nomes de pessoas e coisas que eram objecto de amor. Alguns continuam a ser usados, como darling, (ou *litle dear - queridinha*) e outros mais. Mas até aos dias de hoje, nas conversas vulgares, é usual adicionar o terno nome de *pequeno(a)* a tudo o que amamos. Os Franceses e os Italianos usam estes afectuosos diminutivos ainda mais do que nós. Fora da nossa própria espécie, na criação animal, é dos pequenos que temos inclinação para gostar; pássaros pequenos, e alguns dos animais do tipo mais pequeno. "Uma coisa bela e grande" é um modo de expressão raramente usado; mas a expressão "uma coisa grande e feia" é muito comum. Há uma grande diferença entre admiração e amor. O sublime, que é a causa da primeira, é sempre suscitado por grandes e terríveis objectos; o segundo, por pequenos e agradáveis. Submetemo-nos ao que admiramos mas amamos aquilo que se nos submete. No primeiro caso somos forçados a obedecer, no outro é a lisonja que a tal nos inclina. Em suma, as ideias do sublime e do belo baseiam-se em fundações tão diferentes que é difícil, quase diria impossível, pensar em conciliá-las no mesmo sujeito, sem enfraquecer consideravelmente o efeito de um ou do outro sobre as paixões. Assim sendo, no que diz respeito à sua extensão, os objectos belos são comparativamente pequenos.

SECÇÃO XIV

LISURA

Uma outra qualidade constantemente observável nestes objectos é a lisura. Trata-se de uma qualidade tão essencial à beleza, que não recordo nada belo que não seja liso. Em árvores e flores, as folhas lisas são belas; declives suaves de terra nos jardins; regatos tranquilos na paisagem; a penugem lisa dos pássaros e dos animais belos; a pele suave das mulheres belas; e em diversos tipos de mobília ornamental, superfícies lisas e polidas. Uma parte considerável do efeito da beleza deve-se a esta qualidade, na verdade, a parte mais considerável. Pois se tomarmos qualquer objecto belo, e lhe dermos uma superfície quebrada e rugosa, por mais bem formado que seja em outros aspectos, deixará de causar prazer. Ao passo que se lhe faltarem muitas das outras qualidades, mas não esta, torna-se mais

agradável do que quase todos os outros que não a tenham.
Isto parece-me tão evidente que me surpreende bastante que
alguém tenha abordado o assunto sem incluir a qualidade da
lisura na enumeração daquelas que concorrem para formar a
beleza. Porque, na verdade, nada é mais contrário a esta ideia
do que qualquer rugosidade, qualquer projecção súbita, qualquer ângulo agudo.

SECÇÃO XV
VARIAÇÃO GRADUAL

Mas uma vez que os corpos perfeitamente belos não são
compostos de partes angulosas, as suas partes não se mantêm
muito tempo na mesma linha recta. Variam a sua direcção a
cada momento, e mudam, sob os nossos olhos, através de um
desvio constante, mas cujo princípio ou fim é difícil de determinar. A visão de um pássaro belo ilustrará esta observação.
Neste vemos a cabeça aumentando de forma insensível até ao
meio, a partir do qual diminui gradualmente até se misturar
com o pescoço; o pescoço funde-se, por seu turno, numa curva
maior, que continua até ao meio do corpo, diminuindo outra
vez até à cauda: a cauda toma uma nova direcção mas depressa
varia o seu novo curso, misturando-se outra vez com as outras
partes; e a linha muda continuamente, em cima, em baixo, em
cada lado. Nesta descrição tenho em mente a ideia de uma
pomba pois concorda bastante bem com a maior parte das condições da beleza. É lisa e macia; as suas partes fundem-se (por
assim dizer) umas nas outras; não observamos qualquer protuberância no seu todo e, no entanto, este muda continuamente.
Observai aquela que é talvez a parte mais bela de uma mulher,
à volta do pescoço e dos seios: a lisura, a macieza, a suave e
imperceptível curva, a variedade da superfície, que nunca é
a mesma por mais pequena que seja a extensão considerada;
o labirinto enganador, através do qual os olhos inquietos deslizam sofregamente, sem saber onde se fixar, ou onde serão con-

duzidos. Não será isto uma demonstração daquela mudança de superfície, contínua mas no entanto dificilmente perceptível em cada ponto, que forma uma das principais componentes da beleza? É com grande prazer que constato poder reforçar a minha teoria neste ponto com a opinião do muito engenhoso Sr. Hogarth, cuja ideia da linha da beleza eu considero, em geral, extremamente justa. Mas a ideia de variação, sem atender tão rigorosamente ao *modo* da variação, conduziu-o a considerar belas as figuras angulosas. É verdade que estas figuras variam muito. Porém, variam de uma maneira repentina e acidentada. E não encontro nenhum objecto natural que seja ao mesmo tempo anguloso e belo. De facto, poucos objectos naturais são inteiramente angulosos. Mas eu penso que aqueles que estão mais próximos disso são os mais feios. Devo acrescentar também que, tanto quanto pude observar na natureza, a linha variada é a única na qual encontramos a beleza completa. Mas não há nenhuma linha particular que se encontre sempre nos objectos extremamente belos e, que seja, por conseguinte, preferível a todas as outras. Pelo menos, nunca o pude observar.

SECÇÃO XVI

DELICADEZA

Um ar robusto e forte é muito prejudicial à beleza. Uma aparência de *delicadeza*, e mesmo de fragilidade, é-lhe quase essencial. Quem quer que examine as criaturas vegetais e animais, constatará que esta observação se funda na natureza. Não consideramos belo o carvalho, o freixo, ou o ulmeiro, ou qualquer uma das árvores mais robustas da floresta: são terríveis e majestosas e inspiram uma espécie de reverência. É o mirtilo delicado, é a laranja, é a amêndoa, é o jasmim, é a vinha, que consideramos como belezas vegetais. São as espécies floridas, tão notáveis pela sua fraqueza e duração momentânea, que nos dão a mais vívida ideia de beleza e elegância. Entre os animais, o galgo é mais belo que o mastim e a delicadeza de um ginete, de um cavalo berbére ou árabe, são mais amáveis do que a força e estabilidade de certos cavalos de guerra e de carruagem. Pouco preciso de dizer acerca do belo sexo, a respeito do qual, creio, facilmente concordarão comigo. A beleza das mulheres deve--se, de forma considerável, à sua fraqueza ou delicadeza, sendo ainda mais reforçada pela timidez, uma qualidade análoga da mente. Não pretendo aqui afirmar que a fraqueza decorrente da má saúde contribui de alguma forma para a beleza. Mas o mau efeito desta fraqueza deve-se ao estado alterado de saúde que produz tais debilidades, as quais alteram as outras condições da beleza, e não à fraqueza propriamente dita. Nesse caso, as partes entram em colapso; a cor brilhante, o *lumen purpureum juventae*([45]) desaparece e a subtil variação perde-se em rugas, cortes súbitos e linhas rectas.

SECÇÃO XVII
A BELEZA NA COR

Pode ser um tanto ao quanto difícil determinar as cores usualmente encontradas em corpos belos porque existe uma infinita variedade nas diversas partes da natureza. Contudo, mesmo no meio desta variedade, é possível estabelecer algum padrão. Em primeiro lugar, as cores dos corpos belos não devem ser sombrias ou pardacentas, mas sim límpidas e claras. Em segundo lugar, não podem ser do tipo mais intenso. Aquelas que parecem mais apropriadas à beleza são as mais suaves de cada tipo: verdes claros, azuis suaves, brancos esmaecidos, vermelhos rosados e violetas. Em terceiro lugar, se as cores forem fortes e vívidas deverão ser sempre diversificadas e o objecto nunca pode ter apenas uma cor forte. Existe quase sempre um tal número de cores (como acontece em várias flores) que a intensidade e o brilho de cada uma diminuem consideravelmente. Numa compleição bela, não apenas a tonalidade do

---

([45]) "A brilhante luminescência da juventude" (Virgílio, *Aen.*, 1. 590-591).

rosto tem alguma variedade, mas as cores, como o vermelho e o branco, não são fortes nem brilhantes. Ademais, estão misturadas numa tal maneira, e com tais gradações, que é impossível delimitar os contornos. É de acordo com o mesmo princípio que a cor dúbia dos pescoços e caudas dos pavões, e das cabeças dos patos, é tão agradável. Na realidade, a beleza da forma e a beleza da cor, estão relacionadas do modo mais íntimo que podemos imaginar em coisas de natureza tão diferente.

SECÇÃO XVIII
RECAPITULAÇÃO

Em resumo, as qualidades da beleza, enquanto meras qualidades sensíveis, são as seguintes. Primeiro, o objecto deve ser comparativamente pequeno. Segundo, deve ser liso. Terceiro, deve possuir uma variação na direcção das partes. Mas, quarto, estas partes não devem ser angulosas e sim como que fundir-se umas nas outras. Quinto, deve ter uma aparência delicada, sem sinais evidentes de força. Sexto, deve ter cores claras e luminosas, mas não muito fortes e coruscantes. Sétimo, se possuir cores intensas, devem ser matizadas com outras. Estas são, segundo creio, as propriedades de que a beleza depende, propriedades que operam segundo a natureza, e são menos susceptíveis do que quaisquer outras de serem alteradas pelo capricho ou confundidas pela diversidade dos gostos.

SECÇÃO XIX
A FISIONOMIA

A *Fisionomia* desempenha um papel considerável na beleza, especialmente na da nossa própria espécie. As maneiras dão uma certa determinação ao semblante, o qual, caso lhes corresponda de uma forma assaz regular, é capaz de conjugar o efeito de certas qualidades agradáveis da mente com as correspondentes do corpo. Assim, para formar uma beleza humana acabada, e para lhe dar toda a sua influência, a face deve ser capaz de exprimir aquelas gentis e amáveis qualidades, que correspondem à suavidade, lisura e delicadeza da forma exterior.

SECÇÃO XX
OS OLHOS

Até aqui omiti propositadamente os olhos, que desempenham um papel tão grande na beleza das criaturas animais, uma vez que não cabiam facilmente nas secções anteriores, embora sejam, de facto, redutíveis aos mesmos princípios. Nessa medida, penso que a beleza dos olhos consiste, primeiro, na sua *clareza*; a cor dos olhos que agrada mais, depende em grande medida da fantasia de cada um; mas a ninguém agradam uns olhos, cuja água (por assim dizer) é baça e pardacenta. Sentimos prazer com os olhos, de acordo com este ponto de vista, com base no mesmo princípio segundo o qual gostamos de diamantes, água translúcida, vidro e outras substâncias transparentes. Em segundo lugar, o movimento dos olhos contribui para a sua beleza, através da contínua mudança de direcção. Mas, uma mudança lenta e lânguida é mais bela do que uma repentina; a última é estimulante, a primeira amável. Em terceiro lugar, no concernente à união dos olhos com as partes vizinhas, deve-se seguir a mesma regra que é seguida relativamente a outras partes belas; o olho não deve sofrer um desvio extremo em relação à linha das partes vizinhas; nem deve aproximar-se de uma figura geométrica exacta. Além disto, os olhos afectam na medida em que são expressivos de algumas qualidades da mente, e o seu poder geralmente deve-se a isto; tanto que o que acabámos de afirmar acerca da fisionomia é aplicável também aqui.

SECÇÃO XXI

FEALDADE

Pode talvez parecer uma espécie de repetição do que foi dito atrás insistir aqui na natureza da fealdade. Imagino-a, em todos os aspectos, como sendo o oposto daquelas qualidades que apresentámos como constituintes da beleza. Mas ainda que a beleza seja o oposto da fealdade, não é o oposto da proporção e da conveniência. Porque é possível que uma coisa bem proporcionada e perfeitamente conveniente para muitos usos seja muito feia. Imagino igualmente que a fealdade possa ser consistente com a ideia de sublime. Mas de forma alguma gostaria de insinuar que a fealdade em si seja uma ideia sublime, a não ser que esteja unida àquelas qualidades que suscitam um forte terror.

SECÇÃO XXII

GRAÇA

A graciosidade não é uma ideia muito diferente da beleza pois consiste em grande medida nos mesmos elementos. A graciosidade é uma ideia pertencente à *postura* e ao *movimento*. Em ambos os casos, ser gracioso exige não aparentar esforço mediante uma pequena inflexão do corpo e uma compostura das partes, de tal maneira que estas não se embaracem umas às outras, nem pareçam divididas por ângulos agudos e repentinos. É nesta desenvoltura, nesta redondez, nesta delicadeza de atitude e movimento que consiste a magia da graça, e o chamado *je ne scai quoi*; como será óbvio para qualquer observador atento da Vénus de Medicis, do Antínoo, ou de qualquer estátua geralmente considerada graciosa no mais alto grau.

SECÇÃO XXIII
ELEGÂNCIA E ESPECIOSIDADE

Quando um corpo é composto de partes lisas e polidas, que não se pressionam umas às outras, e não evidenciam qualquer rugosidade ou confusão, e, ao mesmo tempo, apresenta uma *forma regular*, eu chamo-lhe *elegante*. A elegância está estreitamente ligada ao belo, diferindo dele apenas nesta regularidade que, porém, ao produzir uma afecção substancialmente diferente, pode muito bem constituir uma outra espécie. Nesta categoria incluo aquelas obras de arte delicadas e regulares que não imitam qualquer objecto natural em particular, como as construções elegantes ou as peças de mobília. Quando um objecto comunga das qualidades acima mencionadas, ou das qualidades dos objectos belos, e é dotado de grandes dimensões, está bastante longe da ideia de mera beleza. Designo-o por fino ou especioso.

SECÇÃO XXIV
A BELEZA NO TACTO

A descrição anterior da beleza tal como é dada à visão, pode ser grandemente ilustrada através da descrição da natureza dos objectos que produzem um efeito similar através do tacto. A isto chamo o belo no *tacto*. Corresponde maravilhosamente àquilo que causa a mesma espécie de prazer à vista. Há um encadeamento em todas as nossas sensações, que não são mais do que diferentes tipos de sentimento, calculados para serem produzidos por vários tipos de objectos, mas todos da mesma maneira. Todos os corpos agradáveis ao tacto são-no em virtude da leve resistência que oferecem. A resistência faz-se, quer devido a um movimento ao longo da superfície, quer devido à pressão das partes umas contra as outras. Se a primeira for leve, dizemos que o corpo é liso, se o mesmo acontecer relativamente às últimas, dizemos que é suave. O principal prazer que recebemos do tacto reside numa ou noutra destas qualidades; e se houver uma combinação das duas, o nosso prazer será grandemente ampliado. Isto é de tal modo evidente, que serve melhor para ilustrar outras coisas, do que para ser ilustrado por um exemplo. A próxima fonte de prazer derivada deste sentido, tal como em qualquer outro, é a apresentação contínua de uma coisa nova; e descobrimos que os corpos que continuamente sofrem variações na sua superfície, são muito mais agradáveis, ou belos, para o tacto, como pode ser experimentado por quem quiser. A terceira propriedade destes objectos é que, apesar de a superfície variar continuamente a sua direcção, nunca o faz subitamente. A aplicação de qualquer coisa súbita, ainda que a impressão em si tenha pouco ou nada de violento, é desagradável. A rápida aplicação de um dedo um pouco mais quente ou frio do que o usual, sem aviso, faz-nos estremecer; um ligeiro toque no ombro, quando não é esperado, tem o mesmo efeito. É por isso que os corpos angulosos, que de repente variam a direcção dos seus contornos, oferecem tão pouco prazer ao tacto. Qualquer uma destas mudanças é uma espécie de escalada e queda em miniatura, de tal forma as figuras angulosas, como os quadrados e os triângulos, não são belas nem para a vista nem para o tacto. Quem quer que compare o seu estado de espírito quando toca corpos suaves, lisos, variados, não angulosos, com o que sente perante um objecto belo, perceberá uma analogia muito impressionante nos efeitos de ambos. Esta analogia poderá fazer-nos avançar no sentido de descobrir a sua causa comum. A este respeito, sentir e ver não diferem senão em poucos aspectos. O tacto recebe o prazer derivado da suavidade, a qual não é primariamente um objecto da vista; a vista, por outro lado, compreende a cor, que dificilmente é perceptível ao tacto. O tacto, por seu turno, tem a vantagem quanto a uma nova ideia de prazer resultante de um grau moderado de calor; mas os olhos triunfam na infinita extensão e multiplicidade dos seus objectos. Mas há tanta similitude nos prazeres destes sentidos que me sinto inclinado a pensar que, se alguém conseguisse discernir a cor através do tacto (como se diz que alguns homens cegos fizeram), constataria que as cores e a disposição da tonalidade que são consideradas belas para a vista, seriam igualmente muito gratificantes para o tacto. Mas deixemos de lado estas conjecturas, e passemos ao outro sentido, o da audição.

SECÇÃO XXV
A BELEZA NOS SONS

Neste sentido encontramos uma igual aptidão para sermos afectados de uma maneira suave e delicada. E a experiência de cada um deve decidir até que ponto os sons belos e doces concordam com as nossas descrições da beleza nos outros sentidos. Milton descreveu esta espécie de música num dos seus poemas juvenis. Não preciso de dizer que Milton era perfeitamente versado nessa arte e que nenhum homem possuía um ouvido mais fino, ou uma maneira mais feliz de expressar as afecções de um sentido por metáforas extraídas de outro. A descrição é como segue.

– *E para sempre conjurando os devoradores cuidados*
Envolvei-me em amenas brisas Lídias;
Em canto prolongando laços serpenteantes de doçura;
Com luxuriante zelo e irreflectida astúcia
A voz enternecedora por dédalos fluindo
Desfazendo todas as cadeias que subjugam
A alma oculta da harmonia[46].

---

[46] Em inglês no original:
– *And ever against eating cares,*
Lap me in soft Lydian airs;
In notes with many a winding bout
Of linked sweetness long drawn out;
With wanton heed, and giddy cunning,
The melting voice through mazes running;
Untwisting all the chains that tye
The hidden soul of harmony.
(Milton, *L'Allegro*, ll. 135-6, 139-44.)

Estabeleçamos um paralelo entre isto e a suavidade, a superfície ondulada, a continuidade sem quebras, a gradação fácil do belo em outras coisas; e todas as diversidades dos vários sentidos, com todas as suas várias afecções, serão de grande ajuda lançando luzes de uns para os outros, para chegarmos a uma ideia clara e consistente do todo, em vez de obscurecê-lo pela sua intricação e variedade.

À descrição mencionada acima acrescentarei um ou dois comentários. O primeiro é que a beleza na música não suporta aquela intensidade e força dos sons, que pode ser usada para desencadear outras paixões, nem as notas podem ser ásperas, agudas ou profundas; concordando melhor com aquelas que são claras, equilibradas, suaves e fracas. O segundo é que uma grande variedade, e transições rápidas de compasso para compasso, são contrárias ao génio do belo na música. Tais transições frequentes vezes incitam ao júbilo, bem como a outras repentinas e tumultuosas paixões; mas não aquele torpor, aquele enternecimento, aquele langor, que são os efeitos característicos da beleza, quando afecta todos os sentidos. A paixão suscitada pela beleza está, de facto, mais próxima de uma espécie de melancolia, do que da jovialidade e da alegria. Não pretendo aqui confinar a música a uma única espécie de sons ou tons. E nem sequer posso dizer que seja uma arte na qual tenha grandes aptidões. O meu único propósito neste comentário é estabelecer uma ideia consistente de beleza. A infinita variedade das afecções da alma sugerirá a uma cabeça bem formada e a um ouvido treinado, as variedades de sons que são adequadas a originá-las. Não pode ser prejudicial a este respeito clarificar e distinguir uma série de particulares, que pertencem à mesma classe e são consistentes entre si, da multidão imensa de ideias diferentes e, por vezes contraditórias, que se agrupam vulgarmente sob o padrão da beleza. E é minha intenção assinalar apenas aqueles pontos principais que mostram a conformidade do sentido da audição com todos os outros sentidos, no que respeita aos seus prazeres.

SECÇÃO XXVI
PALADAR E OLFACTO

Esta concordância geral dos sentidos é ainda mais evidente quando consideramos, minuciosamente, o paladar e o olfacto. Aplicamos metaforicamente a ideia de doçura a visões e sons; mas uma vez que as qualidades através das quais os corpos são capazes de excitar prazer ou dor nestes sentidos não são tão óbvias como no caso dos outros, faremos referência a uma explanação da sua analogia, que nos aproxima da investigação da causa comum eficiente da beleza em relação a todos os sentidos. Não consigo pensar em nada mais adequado para estabelecer uma ideia clara e organizada da beleza visual, do que esta maneira de examinar os prazeres similares de outros sentidos, visto que uma parte é por vezes mais clara em um dos sentidos e outra é mais obscura em outro; e onde existe uma clara concorrência de todos, podemos, com mais certeza, falar de cada um deles. Desta maneira, eles dão testemunho uns dos outros; é como se a natureza fosse escrutinada; não reportamos nada dela, senão o que recebemos da sua própria informação.

SECÇÃO XXVII
COMPARAÇÃO ENTRE O SUBLIME E O BELO

Ao concluir esta perspectiva geral acerca da beleza, ocorre naturalmente que devíamos compará-la com o sublime e desta comparação surge um contraste notável. Posto que os objectos sublimes são, nas suas dimensões, vastos e os belos comparativamente pequenos, e que a beleza deve ser lisa e polida, ao passo que o grandioso deve ser rugoso e negligente. A beleza deve evitar a linha recta, desviando-se, porém, dela insensivelmente. O grandioso, em muitos casos, aprecia a linha recta, mas quando se desvia dela, muitas vezes o desvio é considerável. A beleza não deve ser obscura; o grandioso deve ser escuro e sombrio. A beleza deve ser leve e delicada; o grandioso deve ser sólido e até massivo. São, de facto, ideias de uma natureza muito diferente, uma fundada na dor, a outra no prazer. E por mais que a natureza directa das suas causas possa depois fazê--las variar, estas causas mantêm uma eterna distinção entre si, uma distinção que nunca deve ser esquecida por todos aqueles cuja ocupação é afectar as paixões. Na infinita variedade das combinações naturais devemos esperar encontrar, unidas no mesmo objecto, as qualidades das coisas mais distantes entre si que possamos imaginar. Devemos também esperar encontrar combinações do mesmo tipo em obras de arte. Mas quando consideramos o poder que um objecto exerce sobre as nossas paixões, devemos saber que uma coisa que pretenda afectar a mente através da força de uma propriedade predominante, pro-duz uma afecção provavelmente mais uniforme e perfeita, se todas as outras propriedades ou qualidades do objecto forem da mesma natureza, e tendentes a um mesmo desígnio principal;

> *Se o preto e o branco se fundem, suavizam e unem*
> *De mil maneiras, não haverá já preto e branco?*[47]

Será que o facto de as qualidades do belo e do sublime se encontrarem por vezes unidas prova que são a mesma coisa? Que estão, de alguma maneira, aliadas? Será que prova sequer que não são opostas e contraditórias? O preto e o branco podem por vezes suavizar-se, podem, até, misturar-se, mas não são o mesmo por causa disso. Nem quando estão tão suavizados e mis-turados um com o outro, ou com diferentes cores, é o poder do preto enquanto preto, ou do branco enquanto branco, tão forte como quando cada um aparece uniforme e distinto.

Fim da Terceira Parte.

---

[47] Em inglês no original:
    If black, and white blend, soften and unite,
    A thousand ways, are there no black and white?
    (Pope, *Essay on Man*, ii. 213-14.)

PARTE IV

SECÇÃO I
DA CAUSA EFICIENTE DO SUBLIME E DO BELO

Quando afirmo que tenciono investigar a causa eficiente da sublimidade e da beleza, não se deve supor que poderei chegar à causa última. Não tenho a pretensão de conseguir explicar por que é que certas afecções do corpo produzem uma determinada emoção na mente e não outra; ou por que razão o corpo é sequer afectado pela mente ou a mente pelo corpo. Um pouco de reflexão bastará para nos mostrar que esta tarefa é impossível. Mas creio que já teremos feito muito se pudermos descobrir as afecções da mente que produzem certas emoções no corpo e os sentimentos e qualidades diferenciados do corpo que produzem determinadas paixões na mente, e não outras; o que será bastante útil para um conhecimento seguro das nossas paixões, pelo menos tal como neste momento as consideramos. Creio que isto é tudo o que poderemos fazer. Se pudéssemos avançar mais um passo, continuaríamos a encontrar dificuldades, pois ainda estaríamos distantes da primeira causa. Quando Newton descobriu a propriedade da atracção e formulou as suas leis, constatou que esta seria muito útil para explicar alguns dos fenómenos mais notáveis da Natureza; no entanto, em relação ao sistema geral das coisas, apenas podia considerar a atracção como um efeito, cuja causa, naquele momento, não tentou investigar. Mas quando, posteriormente, começou a explicá-la mediante o recurso a um éter subtil e elástico, este grande homem (se não for impiedade descobrir uma falha num tão grande homem) parece ter abandonado a sua habitual maneira cautelosa de filosofar: uma vez que, creio, nos deixa com tantas dificuldades como as que tínhamos já encontrado, ainda que, talvez, se admita que tudo o que foi dito sobre este assunto está suficientemente provado. Jamais qualquer esforço nosso será capaz de esclarecer aquele grande encadeamento de causas, que se ligam umas às outras até ao próprio trono de Deus. Quando avançamos um passo que seja para além das qualidades sensíveis imediatas das coisas, ficamos sem pé. Tudo o que depois fazemos constitui um esforço inútil, que nos mostra estarmos num elemento estranho. De modo que, quando falo de causa, e de causa eficiente, refiro-me apenas a certas afecções da mente, que causam certas alterações no corpo; ou a certos poderes e propriedades nos corpos, que produzem uma mudança na mente. Tal como, se eu pretendesse explicar o movimento da queda de um corpo, diria que foi causado pela gravidade e tentaria mostrar como operou esse poder sem tentar mostrar por que razão operou dessa maneira; ou se pretendesse explicar os efeitos dos corpos em colisão uns com os outros mediante as leis comuns da percussão, não tentaria explicar como o próprio movimento se comunica.

SECÇÃO II
A ASSOCIAÇÃO

Não será um pequeno obstáculo nesta investigação sobre as nossas paixões, que muitas delas se dêem, e os movimentos que as dirigem se comuniquem, numa altura em que não temos capacidade para reflectir sobre elas; uma altura de que toda a memória se apaga das nossas mentes. É que, para além daquelas coisas que, de acordo com os seus poderes naturais, nos afectam de diferentes maneiras, existem associações realizadas durante aquela idade inicial que se tornam, depois, muito difíceis de distinguir dos efeitos naturais. A todos nos parece impossível recordar quando uma encosta se tornou mais terrível que uma planície, ou o fogo, ou a água, mais horrendos do que um pedaço de terra; já para não falar das inexplicáveis antipatias que podemos sentir em relação a muitas pessoas, embora todas estas conclusões tenham provavelmente sido obtidas da experiência ou dos receios dos outros e algumas, com toda a probabilidade, tenham sido impressas bastante tarde. No entanto, tal como admitimos que muitas coisas nos afectam dum modo determinado, e não em virtude de quaisquer poderes naturais que possuam com vista a essa finalidade, mas devido à associação; do mesmo modo, e por outro lado, seria absurdo afirmar que todas as coisas só nos afectam por associação, uma vez que algumas deverão ter sido original e naturalmente agradáveis ou desagradáveis, e é delas que outras derivam os seus poderes associados. E seria inútil, segundo creio, procurar na associação a causa das nossas paixões, antes de desistirmos de a descobrir nas propriedades naturais das coisas.

SECÇÃO III
A CAUSA DA DOR E DO MEDO

Afirmei, anteriormente(*), que tudo aquilo que tem capacidade para suscitar terror pode servir de fundamento para o sublime, observação à qual acrescento o seguinte: Isto ocorre não só com aquelas mas também com muitas coisas que não representam qualquer perigo mas exercem um efeito similar porque operam de igual forma. Observei também(**) que qualquer coisa que produza um prazer positivo e um prazer original está apta para incorporar a beleza. Portanto, para esclarecer a natureza destas qualidades, poderá ser necessário explicar a natureza da dor e do prazer da qual dependem. Num homem que sofre uma dor violenta no corpo (imagino a dor mais intensa pois o efeito deverá ser mais evidente), os dentes cerram-se, os olhos fecham-se, as sobrancelhas contraem-se

---

(*) Parte I, secção 7.
(**) Parte I, secção 10.

fortemente, a testa enruga-se, os olhos encovam-se e reviram-
-se com grande veemência, o seu cabelo eriça-se, a boca emite
gritos e gemidos entrecortados e todo o seu corpo treme.
O medo ou o terror, sendo uma percepção da dor ou da morte,
manifesta-se exactamente com os mesmos efeitos, com uma violência proporcional à proximidade da causa e à fragilidade do
indivíduo. Isto não sucede somente na espécie humana: tenho-
-o observado, mais de uma vez, em cães; na iminência de um
castigo, contorcem o corpo, ganem e uivam, como se estivessem realmente a sentir os golpes. Isto leva-me a concluir que
a dor e o medo agem sobre as mesmas partes do corpo e da
mesma maneira embora num grau algo diferente. Em suma, a
dor e o medo consistem numa tensão anormal dos nervos que
é acompanhada, às vezes, duma força extraordinária, a qual
se pode transformar repentinamente numa extrema fraqueza,
efeitos que frequentemente ocorrem de modo alternado e, por
vezes, ao mesmo tempo. É esta a natureza de todas as agita-
ções convulsivas, especialmente nos sujeitos mais débeis, que
são os mais susceptíveis às impressões mais violentas da dor e
do terror. A única diferença entre a dor e o terror prende-se
com o facto de que as coisas que causam dor operam sobre a
mente, mediante a intervenção do corpo, enquanto as que produzem terror afectam geralmente os órgãos do corpo mediante
a acção da mente que sugere o perigo. Mas uma vez que a dor
e o terror se assemelham, tanto directa como indirectamente,
por produzirem uma tensão, contracção ou emoção violenta
dos nervos(*), assemelham-se também em tudo o resto. Pois
tendo em conta estes e outros exemplos, parece-me evidente
que quando o corpo está predisposto, seja por que meios for,
para as emoções que sentiria devido a uma determinada paixão, provocará, por si próprio, na mente, uma excitação muito
semelhante a essa paixão.

(*) Não abordarei aqui a questão, discutida pelos fisiologistas, de saber se
a dor seria o efeito duma contracção ou duma tensão dos nervos. Qualquer
uma destas alternativas virá ao encontro do meu objectivo, pois, por tensão,
não entendo senão um violento esticão das fibras que compõem um músculo
ou uma membrana, seja qual for o sentido.

SECÇÃO IV
CONTINUAÇÃO

A este respeito, o Sr. Spon(⁴⁸), no seu *Recherches d'Antiquité*, refere uma história interessante acerca do celebrado fisionomista Campanella(⁴⁹). Parece que este homem, não só fez observações muito precisas sobre os rostos humanos, mas também era um perito em imitar aqueles que tinham algo de extraordinário. Quando tinha em mente penetrar nas inclinações daqueles com os quais tinha de tratar, compunha o seu semblante, os seus gestos e todo o seu corpo, de modo a imitar o melhor possível a pessoa que pretendia examinar; e então, observava cuidadosamente quais as alterações de ânimo que parecia obter com esta mudança. De modo que, diz-nos o nosso autor, Campanella conseguia penetrar nas disposições e nos pensamentos das pessoas de modo tão eficaz como se tivesse chegado a transformar-se nelas próprias. Tenho observado, muitas vezes, que ao imitar a aparência e os gestos de homens enfurecidos, tranquilos, assustados ou ousados, dou com a minha mente a inclinar-se, involuntariamente, para aquela paixão que me tinha esforçado por imitar na aparência; mais, estou convencido de que isto é difícil de evitar, mesmo quando nos esforçamos por separar a paixão dos seus gestos correspondentes. As nossas mentes e os nossos corpos estão tão estreita e intimamente interligados que a mente não é capaz de sentir dor ou prazer, sem que o corpo as sinta. Campanella, de quem temos estado a falar, conseguia abstrair de tal modo a atenção de qualquer sofrimento do seu corpo, que chegava mesmo a

---

(⁴⁸) Jacob Spon (1647-1685): médico que se notabilizou pela sua expedição arqueológica à Itália, à Grécia e ao Próximo Oriente, em 1675-1676; numa altura em que este tipo de pesquisas estava no seu começo. Burke cita a sua obra, *Recherches curieuses d'antiquité* (Lyon, 1683), onde Spon discute o valor das moedas enquanto documentos históricos passíveis de dar conta da aparência dos monarcas representados.

(⁴⁹) Tomasso Campanella (1568-1639): Filósofo italiano pertencente à Ordem dos Dominicanos. Recusou o aristotelismo da escolástica e defendeu o estudo directo do homem e da natureza.

suportar a tortura sem muita dor. E qualquer pessoa terá sido capaz de observar como, no caso de dores menores, quando conseguimos desviar a nossa atenção para qualquer outra coisa, a nossa dor cessa por momentos. Por outro lado, se de algum modo o corpo não está disposto a executar aqueles gestos, ou se não está disposto a ser estimulado a experimentar aquelas emoções que normalmente uma qualquer paixão produz nele, a paixão em causa nunca poderá surgir, ainda que a sua causa esteja fortemente em acção, ainda que seja meramente mental e não afecte imediatamente qualquer um dos sentidos. Do mesmo modo, e a despeito de todos os nossos esforços em contrário, um opiáceo ou bebidas alcoólicas suspenderão a acção da angústia, do medo ou da ira, ao infundir no corpo uma tendência oposta à que recebe destas paixões.

SECÇÃO V
COMO SE GERA O SUBLIME

Tendo considerado o terror como gerador duma tensão anormal e de certas excitações violentas dos nervos, depreende-se facilmente do que acabámos de afirmar que tudo o que é propenso a produzir uma tensão dessa natureza necessariamente dá origem a uma paixão semelhante(*) ao terror e, consequentemente, deverá ser uma fonte do sublime, mesmo que não esteja ligado a nenhuma ideia de perigo. De modo que, para identificar a causa do sublime, só falta mostrar que os exemplos dados a esse respeito na segunda parte se relacionam com as coisas que são aptas, por natureza, a produzir esse tipo de tensão, tanto pela acção fundamental da mente como do corpo. Em relação às coisas que impressionam através da ideia de perigo que lhes associamos, é indubitável que produzem terror e actuam através de alguma modificação dessa paixão, assim como é inquestionável que o terror, quando suficientemente

(*) Parte II, secção 2.

violento, gera as emoções do corpo anteriormente mencionadas. Mas, se o sublime se baseia no terror, ou em alguma paixão semelhante, que tenha a dor como objecto, convém investigar, antes de mais, como é que o deleite de qualquer espécie pode derivar de uma causa aparentemente tão oposta a ele. Digo deleite porque, como adverti repetidas vezes, a sua causa, assim como a sua própria natureza, são nitidamente diferentes das do prazer positivo e real.

SECÇÃO VI
COMO PODE A DOR
SER UMA CAUSA DE DELEITE

A Providência determinou que um estado de repouso e de inacção, embora possa lisonjear a nossa indolência, deva causar muitos inconvenientes e dê origem a transtornos, a fim de nos obrigar a despender algum esforço, o qual é absolutamente necessário para que vivamos uma vida razoavelmente agradável. Pois é próprio da natureza do repouso deixar que todas as partes do nosso corpo se abandonem a um estado de relaxamento que não só impede os membros de exercerem as suas funções, como também priva as fibras daquela tonicidade vigorosa que é indispensável para que produzam as secreções naturais e necessárias. Ao mesmo tempo, nesse estado de languidez e inactividade, os nervos estão mais sujeitos a convulsões extremamente violentas do que quando estão tensos e tonificados. A melancolia, o abatimento, o desespero e, muitas vezes, o suicídio são consequências da visão sombria que adoptamos neste estado de relaxamento do corpo. O melhor remédio para esses males é o exercício ou o *trabalho*. O trabalho é a superação de *dificuldades*, um exercício resultante do poder de contracção dos músculos e, como tal, excepto na sua intensidade, assemelha-se à dor, que consiste na tensão ou na contracção. O trabalho é não só indispensável para que os órgãos menos delicados se conservem num estado adequado ao exercício das suas funções, mas é igualmente necessário àqueles órgãos mais delicados e refinados, sobre os quais e através dos quais age a imaginação e quiçá também as outras faculdades mentais. Já que é provável que não apenas as partes inferiores da alma, como são chamadas as paixões, mas o próprio entendimento faça uso, nas suas operações, de alguns instrumentos físicos delicados, embora possa ser difícil determinar o que estes sejam e onde se localizam. Mas que realmente emprega esses meios deduz-se, por um lado, do facto de que um exercício prolongado das faculdades mentais provoca uma enorme lassidão em todo o corpo e, por outro lado, do facto de que um grande esforço físico ou dor enfraquecem e, por vezes, chegam mesmo a destruir as faculdades intelectuais. Ora, tal como um exercício adequado é fundamental para as partes musculares menos delicadas do organismo que, sem esse estímulo, ficariam debilitadas e enfermas, ocorre exactamente o mesmo com as partes mais delicadas que mencionámos: para as manter em bom estado, é preciso exercitá-las e estimulá-las, num grau adequado.

SECÇÃO VII
O EXERCÍCIO É NECESSÁRIO
AOS ORGÃOS MAIS DELICADOS

Assim como o trabalho comum, que é um tipo de dor, deriva do exercício das partes mais grosseiras do sistema, o exercício das mais delicadas está na origem de um tipo de terror. E se um determinado modo de dor for de natureza tal que age sobre os olhos ou sobre os ouvidos, que são os órgãos mais delicados, a afecção aproxima-se bastante das que têm uma origem mental. Em todos estes casos, se a dor e o terror forem moderados a ponto de não serem realmente nocivos; se a dor não atingir uma intensidade muito grande e se o terror não estiver relacionado com a destruição iminente da pessoa, uma vez que essas emoções libertam as partes, quer as mais delicadas, quer as menos delicadas, de um obstáculo perigoso e perturbador, elas têm a faculdade de produzir deleite; não prazer, mas uma espécie de horror deleitoso, uma espécie de calma mesclada de terror, o qual, visto ser uma paixão que pertence à auto-preservação, é uma das mais intensas que existem. O seu objecto é o sublime(*). Chamo *assombro* ao seu grau mais elevado, ao passo que os graus inferiores são a admiração, a reverência e o respeito, palavras cuja etimologia evidencia a fonte da qual derivam e como são distintas do prazer positivo.

SECÇÃO VIII
POR QUE MOTIVO É QUE AS COISAS INOFENSIVAS PRODUZEM UMA PAIXÃO COMO O TERROR

A causa do sublime é sempre um modo de terror ou de dor. No que concerne ao terror ou a qualquer perigo associado, a explicação anteriormente dada é, creio eu, suficiente. Será necessário um esforço adicional para demonstrar que os exemplos do sublime, fornecidos na segunda parte, são capazes de produzir algum tipo de dor, associando-se assim ao terror, e que podem ser explicados segundo os mesmos princípios que este. Começarei pelos objectos de grandes dimensões, que são percebidos pela visão.

SECÇÃO IX
POR QUE SÃO SUBLIMES OS OBJECTOS VISUAIS DE GRANDES DIMENSÕES

A visão realiza-se, instantaneamente, mediante a impressão, na retina ou na parte posterior nervosa do olho, de uma imagem integral do objecto, sendo esta formada pelos raios

---

(*) Parte II, secção 2.

de luz reflectidos a partir dele. Ou, segundo outros, apenas se imprime no olho um ponto de cada objecto, de tal maneira que este é percebido imediatamente; mas, ao mover o olho, reunimos com toda a celeridade as diversas partes daquele objecto, de modo a formar um todo uniforme. Se adoptarmos a primeira opinião(*), teremos de admitir que, embora toda a luz reflectida por um corpo enorme deva atingir o olho num só instante, ter-se-á, contudo, que supor igualmente que aquele mesmo corpo seja formado por um grande número de pontos distintos, cada um dos quais, ou o raio de luz emitido por eles, produz uma impressão na retina. De modo que, embora a imagem de um ponto cause apenas uma tensão muito pequena nesta membrana, os sucessivos golpes, com o seu aumento gradual, causarão certamente uma grande tensão e acabarão por elevá-la ao seu grau mais elevado. E a vibração do olho em todas as suas partes aproxima-se da natureza daquilo que causa dor e, consequentemente, produz uma ideia do sublime. Por outro lado, se admitirmos que apenas um único ponto dum objecto é perceptível de cada vez, o resultado não será muito diferente; pelo contrário, tornará mais evidente o modo como o sublime deriva da grandiosidade das dimensões. Porque se, de cada vez, só é percebido um ponto, o olho precisa de percorrer o enorme espaço de tais corpos em grande velocidade e, por conseguinte, os nervos e os músculos delicados destinados à movimentação desse órgão devem ser submetidos a um esforço enorme que o deve afectar bastante, dada a sua grande sensibilidade. Ademais, não tem qualquer significado em relação ao efeito produzido saber se um objecto tem todas as suas partes interligadas e produz a sua impressão num instante; ou, se, ao invés, produz apenas uma impressão de cada vez, originando uma sucessão de pontos semelhantes ou diferentes que uma vez dotados de uma certa velocidade parecem estar unidos, como é evidente quando fazemos girar, com rapidez, uma tocha ou pedaço de madeira aceso, que deste modo parece um círculo de fogo.

(*) Parte II, secção 7.

SECÇÃO X
POR QUE É A UNIDADE NECESSÁRIA À VASTIDÃO

Pode-se objectar a esta teoria que o olho, geralmente, recebe a mesma quantidade de raios de luz a cada instante; por conseguinte, um objecto grande não o pode afectar devido ao número de raios de luz, mais do que aquela multiplicidade de objectos que o olho necessariamente distingue quando está aberto. A isto respondo que, mesmo que se admita que o olho seja atingido, em qualquer momento, por uma quantidade uniforme de raios de luz ou de partículas luminosas, ainda assim, se esses raios variam constantemente, tanto em relação à sua natureza – sendo ora azuis, ora vermelhos, e assim sucessivamente. – como em relação à sua forma – gerando uma quantidade de minúsculos quadrados, triângulos, etc. –a cada mudança de cor ou de forma, o órgão cai numa espécie de relaxamento ou repouso; mas esse relaxamento e acção tantas vezes interrompidos, não geram, de maneira alguma, calma nem provocam uma actividade enérgica e constante. Qualquer pessoa que tenha observado a diferença entre os efeitos de um exercício violento e os duma acção trivial entenderá por que razão uma ocupação desagradável e irritante que, ao mesmo tempo, cansa e debilita o corpo, nada tem de grandioso; os impulsos deste tipo, que são mais irritantes do que dolorosos, ao mudarem continua e repentinamente a sua rotina e a sua direcção, impedem aquela tensão plena, aquela espécie de actividade uniforme associada à dor intensa e que causa o sublime. A soma total de coisas de diferentes tipos, ainda que deva equivaler ao número de partes uniformes que compõem *um único* objecto inteiro, não tem efeitos equivalentes sobre os órgãos dos nossos corpos. Para além da razão já apontada, há ainda uma outra muito forte para esta diferença. Na realidade, é praticamente impossível a mente concentrar-se em mais do que uma coisa de cada vez; se esta coisa for pequena, o efeito será pequeno, e uma grande quantidade de outros objectos pequenos não pode prender a atenção, pois a mente fica circunscrita pelos limites do objecto: aquilo a que não se presta atenção e aquilo que não existe produzem os mesmos efeitos; mas, quando se trata de objectos grandes e uniformes, o olho, ou a mente (pois, neste caso, não há diferença entre eles) não consegue alcançar de imediato os seus limites; não pode descansar, enquanto o contempla, pois a imagem é quase a mesma em todas as partes. Portanto, tudo o que é grande em termos de quantidade deve, forçosamente, ser uno, simples e inteiro.

SECÇÃO XI
O INFINITO ARTIFICIAL

Já observámos que do infinito artificial decorre uma espécie de grandiosidade e que aquele consiste numa sucessão uniforme de partes grandes; também notámos que essa sucessão uniforme tinha um poder semelhante no que respeita aos sons. Mas, dado que os efeitos de muitas coisas resultam mais evidentes para um dos sentidos do que para outro e visto que todos os sentidos têm uma analogia entre si e ilustram-se uns aos outros, começarei pelo exame deste poder nos sons, uma vez que a causa da sublimidade baseada na sucessão se manifesta com maior clareza no sentido da audição. E afirmarei aqui, de uma vez por todas, que uma investigação das causas naturais e mecânicas das nossas paixões, além de ser um assunto curioso, dará uma maior força e brilho a quaisquer regras estabelecidas por nós relativamente a essas questões, se porventura aquelas causas forem descobertas. Quando o ouvido capta algum som simples é atingido por um único impulso de ar, que faz com que o tímpano e as outras membranas vibrem, de acordo com a natureza e a espécie do golpe. Se este é forte, causa no órgão da audição um grau considerável de tensão. Se for repetido pouco depois, a repetição causa a expectativa dum novo golpe. E deverá ser notado que a própria expectativa causa uma tensão. Este facto é evidente em vários animais, os quais quando se preparam para ouvir um som, levantam-se e retesam as orelhas; de modo que, neste caso, o efeito dos sons é bastante intensificado devido à presença de um auxiliar novo, a expectativa. Mas, ainda que depois de uma certa quantidade de golpes, fiquemos à espera de mais, sem saber ao certo o momento exacto da sua chegada, quando esta ocorre é produzida uma espécie de surpresa, que aumenta, ainda mais, esta tensão. Com efeito, tenho observado que, todas as vezes que aguardava atentamente por algum som repetido a intervalos (como os disparos sucessivos de um canhão) embora estivesse inteiramente certo da sua repetição, quando esta chegava sempre me causava um pequeno sobressalto e o tímpano sofria uma convulsão que se comunicava a todo o corpo. Aumentando assim a cada choque, devido à força cumulativa do próprio golpe, da expectativa e da surpresa, a tensão do órgão alcança tal intensidade que acaba por ser capaz do sublime, e quase atinge o limiar da dor. Mesmo depois que a causa do som cessa, os órgãos da audição, ao serem assim golpeados, constante e sucessivamente, continuam, durante mais algum tempo, a vibrar daquela maneira: isto é um contributo adicional em relação à grandiosidade do efeito.

SECÇÃO XII

AS VIBRAÇÕES DEVEM SER SEMELHANTES

Porém, se a vibração não for semelhante em cada impressão, nunca poderá persistir para lá do número de impressões efectivamente recebidas; pois mova-se um corpo qualquer, tal como um pêndulo, numa direcção, e ele continuará a oscilar num arco de um mesmo círculo, até que as causas conhecidas o façam parar; mas se, depois de o colocar em movimento numa certa direcção, o empurrardes para outra, ele não poderá retornar à anterior, porque não tem o poder de se mover por si próprio e, consequentemente, estará apenas sob o efeito do último impulso. Se porém lhe derdes vários impulsos na mesma direcção, irá descrever um arco maior e mover-se-á durante mais tempo.

SECÇÃO XIII

EXPLICAÇÃO DOS EFEITOS DA SUCESSÃO NOS OBJECTOS VISUAIS

Se pudermos compreender claramente como as coisas operam sobre um dos nossos sentidos, será muito menos difícil imaginar como elas afectam os restantes. Mas discorrer longamente sobre as afecções correspondentes a cada sentido tenderá mais a fatigar-nos por uma repetição inútil, do que a lançar novas luzes sobre o assunto, mediante um tratamento mais amplo e abrangente; e como, nesta exposição, nos cingimos principalmente ao sublime sob o aspecto da sua acção sobre a visão, examinaremos especificamente a razão pela qual uma disposição sucessiva de partes uniformes numa mesma linha recta é necessariamente sublime(*) e qual o princípio que dá a esta disposição a capacidade de fazer com que uma quantidade comparativamente pequena de matéria produza um efeito mais grandioso do que uma quantidade maior disposta de outro modo. A fim de evitar a confusão nas noções gerais, coloquemos, diante dos nossos olhos, uma fileira de pilares iguais erguidos sobre uma linha recta e coloquemo-nos de tal modo que o olho possa seguir o comprimento dessa colunata, uma vez que ela produz um efeito melhor a partir desta perspectiva. É evidente que nesta situação os raios de luz reflectidos pelo primeiro pilar redondo causarão no olho uma vibração daquela espécie, uma imagem do próprio pilar. O pilar que logo se segue aumenta-a, o seguinte renova-a e reforça-a: cada um no seu lugar à medida que se segue ao anterior repete impulso após impulso, golpe após golpe, até que o olho, forçado a exercitar, durante muito tempo, o mesmo movimento, não pode deixar aquele objecto repentinamente e, sendo violentamente excitado por essa agitação constante, apresenta à mente uma ideia grandiosa ou sublime. Mas, em vez de uma fileira de pilares iguais, imaginemos estar agora diante de uma outra, na qual um pilar redondo e um quadrado se alternam

---

(*) Parte II, secção 10.

sucessivamente. Neste caso, a vibração causada pelo primeiro pilar redondo cessa logo após ser iniciada, e uma outra, de espécie muito diferente (o quadrado) ocupa imediatamente o seu lugar, que a última cede, contudo, tão rapidamente quanto a anterior, proveniente do pilar redondo; e assim, o olho procede de modo alternado, apropriando-se de uma imagem e abandonando a outra, até ao fim da fileira. Daqui se conclui, de forma óbvia, que na última coluna a impressão não persiste, como não persistia na primeira; porque, na realidade, os sentidos só conseguem receber uma impressão distinta da última coluna, e esta impressão não pode por si mesma retomar uma impressão diferente. Além do mais, cada variação do objecto constitui um descanso e um relaxamento para os órgãos da visão e estes alívios impedem aquela emoção poderosa que é necessária à geração do sublime. Para que se produza, portanto, uma grandiosidade perfeita nas coisas a que nos temos estado a referir, deve ser observada uma total simplicidade e uma absoluta uniformidade na disposição, na forma e na cor. Acerca deste princípio de sucessão e de uniformidade, pode-se perguntar: por que razão é que uma longa parede nua não seria mais sublime do que uma colunata, visto que a sucessão não é nunca interrompida, o olhar não encontra nenhum obstáculo e não se pode conceber nada mais uniforme? Uma longa parede nua não é certamente tão majestosa como uma colunata do mesmo comprimento e da mesma altura. Não é muito difícil explicar esta diferença. Quando olhamos para uma parede nua, o olho percorre todo o espaço da superfície uniforme do objecto e chega rapidamente ao seu fim, não encontrando, na sua progressão, nada que o detenha pelo período de tempo necessário à produção dum efeito muito forte e duradouro. A visão duma simples parede, se for muito comprida e alta, é indiscutivelmente imponente, mas essa é apenas *uma* ideia e não uma repetição de ideias *semelhantes*. Consequentemente, ela é grandiosa, não tanto pelo princípio da *infinitude* como pelo princípio da *vastidão*. Contudo, um único impulso, a menos que possua uma força prodigiosa, não nos impressiona tão profundamente como uma sucessão de impulsos similares, porque os nervos do aparelho sensorial não adquirem (se me for permitida esta expressão) o hábito de repetir a mesma sensação, de modo a prolongá-la para além da influência da sua causa; por outro lado, nenhum dos efeitos que, na Secção II, atribuí à expectativa e à surpresa, podem ocorrer no caso da parede nua.

SECÇÃO XIV
CONSIDERAÇÕES ACERCA DA OPINIÃO
DO SR. LOCKE EM RELAÇÃO À ESCURIDÃO

Segundo o Sr. Locke, a escuridão não é, por natureza, uma ideia aterrorizadora e, embora uma luminosidade excessiva seja dolorosa para o órgão da visão, a mais absoluta obscuridade não é, de modo algum, perturbadora[50]. Ele observa até numa outra passagem que, uma vez tendo uma ama-de-leite ou uma mulher idosa associado, na mente da criança, as ideias de fantasmas e espíritos maléficos à escuridão, a noite torna-se, para todo o sempre, dolorosa e terrível para a imaginação[*]. A autoridade deste homem ilustre é indiscutivelmente a maior possível e parece constituir um obstáculo em relação ao nosso princípio geral. Considerámos a escuridão como uma causa do sublime e, ao longo do excurso, temos considerado sempre o sublime como dependendo de alguma modificação da dor ou do terror. De modo que, se a escuridão não for de todo dolorosa ou terrível para aqueles cuja mente não tenha sido contaminada na infância por superstições, ela não pode ser, para eles, uma fonte do sublime. No entanto, com toda a deferência devida a esta autoridade, parece-me que uma associação de natureza mais geral, uma associação que abranja todo o género humano, pode transformar as trevas em algo terrível. Pois, na mais completa escuridão, é impossível determinar o grau da nossa segurança; desconhecemos os objectos que nos rodeiam; podemos, a qualquer momento, deparar com algum obstáculo

---

[50] *Ensaio sobre o Entendimento Humano*, II. Vii. 4.
[*] Parte II, secção 3.

perigoso; podemos estar a um passo de cair num precipício e, se um inimigo se aproxima, não sabemos como defender--nos. Nesta situação, a força não constitui protecção segura, a prudência somente pode agir por suposição, os mais ousados vacilam e aquele que, para sua defesa, não necessitaria de pedir mais nada, vê-se obrigado a implorar por luz.

*Zeus pai! Salva da escuridão os filhos dos Aqueus:
Torna o ar límpido e concede-nos que vejamos com os olhos!
Mata-nos antes às claras*(⁵¹).

Quanto à associação de fantasmas e espíritos maléficos, é, sem dúvida, mais natural pensar que a escuridão, sendo originalmente uma causa de terror, foi escolhida como um cenário apropriado para representações tão aterradoras, do que pensar que foram essas representações que tornaram a escuridão terrível. A mente humana incorre mais facilmente num erro do primeiro tipo, mas é muito difícil imaginar que o efeito duma ideia como a das trevas, tão terrível em todos os tempos e lugares, possa ser atribuído a uma série de contos fantasiosos ou a alguma causa de natureza tão insignificante e de acção tão precária.

SECÇÃO XV
A ESCURIDÃO É TERRÍVEL POR NATUREZA

Poderá parecer, na nossa investigação, que o negrume e a escuridão são, até certo ponto e por si sós, dolorosos, inde-

---

(⁵¹) Tradução de Frederico Lourenço. Em grego no original:
Ζεῦ πάτερ, ἀλλὰ σὺ ῥῦσαι ὑπ' ἠέρος υἷας Ἀχαιῶν,
ποίησον δ' αἴθρην, δὸς δ'ὀφθαλμοῖσιν ἰδέσθαι·
ἐν δὲ φάει καὶ ὄλεσσον·
(Homero, *Ilíada*, xvii. 645-7).
Trata-se de uma passagem também citada por Longino no seu ensaio famoso sobre o sublime.

pendentemente de quaisquer associações. Devo observar que as ideias de negrume e de escuridão são praticamente equivalentes, diferindo apenas no facto de que o negro é uma ideia mais limitada. O Sr. Cheselden([52]) relatou-nos o caso, muito interessante, dum menino cego de nascença que assim permaneceu até aos treze ou catorze anos, quando uma operação às cataratas lhe deu a visão. Entre os numerosos pormenores notáveis que acompanharam as primeiras percepções e juízos do rapaz acerca de objectos visuais, Cheselden conta-nos como ele ficou muito inquieto, ao ver, pela primeira vez, um objecto negro e como, algum tempo depois, ao deparar acidentalmente com uma mulher negra, foi tomado de grande horror. Dificilmente se pode supor que o horror, neste caso, derive de alguma associação. Pelo relato, o rapaz parece ter sido excepcionalmente observador e sensível, para alguém da sua idade, e, portanto, é provável que, se a grande inquietação sentida, perante a primeira visão do negro, tivesse nascido da sua vinculação a quaisquer outras ideias desagradáveis, ele tê-lo-ia notado e mencionado. Pois uma ideia que é desagradável somente por associação, manifesta de forma evidente a causa do seu efeito pernicioso sobre as paixões na primeira impressão. Em casos mais vulgares, esta causa, na verdade, passa frequentemente despercebida, mas isto ocorre porque a associação original ocorreu numa idade muito tenra e a impressão resultante foi repetida muitas vezes. No exemplo do nosso jovem, não houve tempo para adquirir esse hábito. E não há razões para pensar que os efeitos nefastos do negro sobre a sua imaginação se tenham devido à ligação desta cor com quaisquer ideias desagradáveis, tal como os efeitos benéficos das cores mais alegres não tiveram origem na relação destas com ideias agradáveis. Provavelmente, ambas as cores produziram os seus efeitos devido à sua operação natural.

([52]) Wiliam Cheselden (1688-1752) foi um distinto cirurgião inglês que inventou uma técnica cirúrgica inovadora.

SECÇÃO XVI
POR QUE É A ESCURIDÃO TERRÍVEL

Talvez valha a pena examinar como é que a escuridão pode actuar de maneira a causar a dor. Podemos observar que, ao afastar-nos da luz, devido à compleição natural dos nossos olhos, a pupila aumenta proporcionalmente à contracção da íris e ao nosso afastamento. Ora, se em vez de nos distanciarmos somente um pouco da luz, nos retirarmos dela completamente, é razoável supor que a contracção das fibras radiais da íris seja comparativamente muito maior e até mesmo tão grande, no caso duma escuridão total, que possa forçar os nervos desse órgão muito além do que lhes é natural e, desse modo, causar uma sensação dolorosa. Parece ocorrer uma tensão semelhante, quando estamos envoltos em escuridão; pois, em tal situação, os olhos, estando abertos, fazem um esforço contínuo para receber luz; provam-no os clarões e pontos luminosos que então parecem dançar diante dos nossos olhos e que não podem ser senão o efeito de espasmos causados pelo seu próprio afã na busca do seu objecto; além da própria substância da luz, vários outros impulsos violentos podem produzir no olho a ideia de luz, como nos mostra, em muitas ocasiões, a experiência. Alguns dos que concordam em considerar a escuridão como uma causa do sublime poderiam inferir da dilatação da pupila que um relaxamento geraria o sublime tanto quanto uma convulsão; mas eles, segundo creio, não têm em conta que embora o círculo da íris seja, de certo modo, uma espécie de esfíncter e, portanto, possa ser dilatado por um simples relaxamento, ele difere, ainda assim, da maioria dos outros esfíncteres do corpo num aspecto, a saber, que é provido de músculos antagónicos, as fibras radiais da íris. Assim que o músculo circular começa a relaxar-se, essas fibras, ao faltar-lhes um contrapeso, forçosamente recuam e levam a pupila a uma abertura muito maior. Mesmo ignorando este facto, qualquer pessoa descobrirá, creio eu, que, ao abrir os olhos e ao esforçar-se por ver num lugar escuro, sente uma dor bastante perceptível. Tive oportunidade de ouvir algumas senhoras queixar-se de que, após um trabalho prolongado sobre um fundo negro, os seus olhos fraquejavam e doíam-lhes tanto que mal conseguiam voltar a ver. Relativamente a esta teoria do efeito mecânico da escuridão, pode talvez objectar-se que os incómodos causados pela escuridão ou pelo negrume parecem dever-se mais à mente do que ao corpo. E admito que deve ser assim, tal como ocorre com todos aqueles efeitos que dependem das afecções das partes mais delicadas do nosso organismo. Os efeitos desagradáveis do mau tempo amiúde não se manifestam senão por um estado de melancolia e de abatimento, embora sem dúvida alguma, neste caso, os órgãos físicos sofram em primeiro lugar e depois, através deles, a mente.

SECÇÃO XVII
OS EFEITOS DO NEGRUME

O negrume é apenas uma *escuridão parcial* e, portanto, deriva alguns dos seus poderes da sua mistura e proximidade com corpos coloridos. Por sua própria natureza não pode ser considerado uma cor. Os corpos negros, no respeitante à visão, por não reflectirem nenhum ou apenas alguns raios de luz, são somente espaços vazios dispersos por entre os objectos vistos por nós. Quando o olho incide sobre um desses espaços vazios, após se ter mantido num certo grau de tensão devido ao jogo das cores adjacentes, cai, subitamente, num estado de relaxamento, do qual bruscamente recobra mediante um movimento convulsivo. Tomemos o seguinte caso como ilustração: quando tentamos sentar-nos numa cadeira e ela é muito mais baixa do que se espera, o choque é bastante grande, muito maior do que se poderia imaginar numa queda tão pequena como a que pode causar a diferença em altura entre uma cadeira e outra. Se, depois de descer um lanço de escadas, tentamos inadvertidamente dar mais um passo como os anteriores, o choque é extremamente forte e desagradável, não havendo maneira de o reproduzir artificialmente, quando o esperamos e nos preparamos para ele. Quando digo que esse efeito se deve a uma mudança contrária à expectativa, não me refiro unicamente ao que a *mente* espera. Quero dizer também que, se um órgão dos sentidos - após ter estado sob uma determinada acção durante algum tempo - se encontrar, de repente, sob uma outra oposta, o resultado é um movimento convulsivo, tal como aquele causado quando ocorre algo contrário à expectativa da mente. E, embora possa parecer estranho que uma mudança resultante dum relaxamento possa, dum momento para outro, gerar uma súbita convulsão, é exactamente isso o que ocorre, e não apenas em um, mas em todos os sentidos. Todos sabem que o sono é um relaxamento e que o silêncio que mantém inactivos os órgãos da audição é geralmente o mais apropriado para causar esse estado; no entanto, se uma espécie de murmúrio uniforme que induza a sonolência cessar subitamente, a pessoa acorda imediatamente, isto é, os órgãos bruscamente recuperam a sua actividade e a pessoa desperta. Verifiquei esse facto, diversas vezes, por experiência própria e obtive, de outros bons observadores, a sua confirmação. Do mesmo modo, quando, em plena luz do dia, envolvemos inesperadamente na escuridão alguém que adormece, isso impede, no momento, o seu sono, mesmo considerando que o silêncio e a escuridão, quando não são introduzidos de modo violento, favorecem o sono. Quando reflecti pela primeira vez sobre estas observações, constatei isto apenas por conjectura em relação à analogia dos sentidos. Mas entretanto tive ocasião de experimentá-lo. Já me ocorreu repetidas vezes, assim como a inúmeras outras pessoas, ter começado a adormecer e acordar subitamente, com um violento sobressalto, e este sobressalto ser geralmente precedido por uma espécie de sonho em que caía a um precipício. Qual a origem desse estranho movimento, a não ser o relaxamento demasiado brusco do corpo, do qual ele recobra, por algum mecanismo natural e um esforço igualmente rápido e vigoroso do poder de contracção dos músculos? O próprio sonho nasce desse relaxamento: a sua natureza é, de resto, demasiado homogénea para que isso possa atribuir-se a uma outra causa qualquer. As partes descontraem-se muito bruscamente, como ocorre na queda, e esse acidente do corpo ocasiona aquela imagem na mente. Quando nos encontramos num estado comprovadamente saudável e vigoroso, em que todas as mudanças são menos inesperadas e extremas, raramente nos podemos queixar desta sensação desagradável.

SECÇÃO XVIII
OS EFEITOS DO NEGRUME MODERADO

Embora os efeitos da cor negra sejam originalmente dolorosos, não se deve pensar que continuarão a sê-lo sempre. O hábito reconcilia-nos com todas as coisas. Depois de nos termos acostumado à visão de objectos negros, o terror diminui e a lisura e o brilho ou alguma qualidade agradável dos objectos dessa cor, suaviza de algum modo o horror e a severidade da sua natureza original; contudo, a natureza da impressão original persiste. O negro conterá sempre algo de melancólico, dado que a mudança de outras cores para esta será sempre extremamente perturbadora para os sentidos; por outro lado, se o negro ocupar todo o campo da visão, será o mesmo que mergulhar na escuridão, e o que já dissemos acerca desta aplicar-se-á aqui. Não é minha intenção esgotar tudo o que caberia dizer para o esclarecimento desta teoria acerca dos efeitos da luz e da escuridão, e também não explorarei todos os diferentes efeitos produzidos pelas várias modificações e combinações dessas duas causas. Se as observações anteriores têm algum fundamento na natureza, julgo-as suficientes para explicar todos os fenómenos que podem decorrer de todas as combinações do preto com as outras cores. Seria uma tarefa infindável tratar todos os pormenores ou responder a todas as objecções. Seguimos apenas os caminhos principais e observaremos a mesma conduta na nossa investigação acerca da causa da beleza.

SECÇÃO XIX
A CAUSA FÍSICA DO AMOR

Quando estamos diante de objectos que excitam amor e complacência, o corpo é afectado, tanto quanto pude observar, da seguinte maneira. A cabeça inclina-se ligeiramente para um lado; as pálpebras fecham-se mais do que costume e os olhos giram docemente, inclinando-se para o objecto; a boca entreabre-se e respira lentamente, emitindo, de tempos a tempos, um suspiro discreto; o corpo acalma-se e as mãos caem molemente para os lados. Tudo isto é acompanhado de uma sensação interior de ternura e langor. Esta disposição é sempre proporcional ao grau de beleza do objecto e à sensibilidade do observador. E não se deve esquecer esta gradação do mais alto nível de beleza e de sensibilidade até ao mais baixo, de mediocridade e de indiferença, nem os seus efeitos correspondentes, caso contrário esta descrição parecerá exagerada, o que certamente não é. Porém, partindo desta descrição, é quase impossível não concluir que a beleza actua através do relaxamento das fibras de todo o corpo. Existem muitas evidências deste relaxamento e, quanto a mim, a causa de todo o prazer positivo está num relaxamento que se dá um pouco abaixo da tensão normal dos nossos tecidos. Quem não conhece aquelas expressões, tão comuns em todos os tempos e em todos os países, de ser amolecido, relaxado, enervado, dissolvido, derretido pelo prazer? A opinião universal da humanidade, fiel aos seus sentimentos, confirma este efeito uniforme e geral. E embora seja talvez possível encontrar algum caso estranho e especial que apresente um grau considerável de prazer positivo sem nenhuma das características de relaxamento, não devemos por isso rejeitar a conclusão retirada da confluência de muitas experiências, Antes devemos salvaguardá-la, subsumindo as excepções possíveis de acordo com a judiciosa regra estabelecida por Sir Isaac Newton, no terceiro livro da sua Óptica[53]. Acredito que o

---

[53] "Embora a argumentação derivada, através da indução, das experiências e observações não seja uma demonstração de conclusões gerais, ainda

nosso ponto de vista será confirmado, sem sombra razoável de dúvida, se pudermos demonstrar que as coisas que já referimos serem constituintes genuínas da beleza possuem, isoladamente, uma tendência natural para relaxar as fibras. E, uma vez que se concorde connosco que o aspecto do corpo humano, quando todos esses componentes estão reunidos diante dos sentidos, corrobora depois essa opinião, facilmente se concluirá que a paixão que designamos por amor é gerada por esse relaxamento. Seguindo o mesmo método de raciocínio empregue na investigação das causas do sublime, podemos igualmente concluir que, tal como a apresentação dum objecto belo aos sentidos, ao provocar um relaxamento do corpo, produz na mente a paixão do amor, assim também se, seja por que meios for, essa paixão nascer da mente, seguir-se-á certamente um relaxamento dos órgãos externos, num grau proporcional à causa.

SECÇÃO XX
POR QUE É A LISURA BELA

É para explicar a verdadeira causa da beleza visual que peço auxílio aos outros sentidos. Caso a *lisura* se venha a revelar como uma das causas principais do prazer no tacto, no paladar, no olfacto e na audição, facilmente será reconhecida como uma qualidade constituinte da beleza visual, especialmente, como demonstrámos anteriormente, por se encontrar praticamente em todos os corpos tidos como belos segundo o consenso geral. Os corpos ásperos e angulosos, sem dúvida alguma, excitam e irritam os órgãos do tacto, causando uma sensação de dor, que

---

assim é o melhor modo de argumentar tendo em conta aquilo que a natureza admite, e poder-se-á considerar tanto mais sólida quanto a indução for mais geral. E se não detectarmos nenhuma excepção nos fenómenos a conclusão poderá ser geralmente afirmada.. Todavia, se depois alguma excepção for detectada nas experiências, poderá então a conclusão ser afirmada juntamente com as excepções que se verificarem. " (Newton, *Óptica*, 1721, 3ª ed., p. 380)

consiste na tensão ou contracção violentas das fibras musculares. Ao contrário, o contacto de corpos lisos é relaxante: uma carícia suave duma mão macia acalma cãibras e outras dores violentas, desfazendo a tensão anormal das partes doridas e, consequentemente, amiúde, não deixa de ser bem eficaz na eliminação dos inchaços e obstruções. Nada é mais agradável ao sentido do tacto do que os corpos lisos. Uma cama bem arrumada e macia, isto é, em que a resistência é quase nula, constitui fonte de grande prazer, conduz-nos a um relaxamento total e induz, mais do que qualquer outra coisa, aquela espécie de relaxamento a que chamamos sono.

SECÇÃO XXI
A DOÇURA E A SUA NATUREZA

Não é apenas pelo tacto que os corpos lisos causam, através do relaxamento, um prazer positivo. Achamos que todas as coisas que agradam ao olfacto e ao paladar, e que são geralmente consideradas como doces, têm uma natureza suave e tendem, de modo perceptível, a relaxar os seus respectivos sentidos. Examinemos, para começar, o paladar. Uma vez que é mais fácil investigar a propriedade dos líquidos e dado que todas as coisas parecem necessitar dum veículo fluido para transmitirem o seu sabor, centrarei a minha atenção, não nos nossos alimentos sólidos, mas nos líquidos. A *água* e o *óleo* são os veículos de todos os gostos. E o que determina o sabor é um sal que produz diferentes efeitos, segundo a sua natureza ou segundo a sua maneira de se combinar com outras substâncias. A água e o óleo, por si mesmos, podem proporcionar algum prazer ao paladar. A água, quando pura, é insípida, inodora, incolor e suave; quando *não é fria*, constata-se que é muito boa na cura de espasmos e na lubrificação das fibras e o seu poder deve-se provavelmente à lisura. Pois, dado que, segundo a opinião da grande maioria, a fluidez depende da esfericidade, da suavidade e da fraca coesão das partes componentes dum corpo e visto que a água age apenas como um fluido simples, conclui-se que a causa da sua fluidez é igualmente a da sua qualidade relaxante, ou seja, a suavidade e a textura escorregadia das suas partes. O outro veículo fluido dos gostos é o *óleo*. Este, quando puro, também é insípido, inodoro, incolor e liso ao tacto e ao paladar. É mais liso do que a água e, em muitos casos, ainda mais relaxante. O óleo, ainda que insípido, é de certo modo agradável à vista, ao tacto e ao paladar. Já a água não é tão agradável, facto do qual desconheço a causa, salvo a de ela não ser tão suave e lisa como o óleo. Imaginai que adicionávamos a este óleo ou a esta água uma certa quantidade dum sal especial que tivesse a capacidade de induzir um ligeiro movimento vibratório nas papilas nervosas da língua, tal como aconteceria se nessa mistura tivéssemos dissolvido açúcar. A lisura do óleo e a acção vibratória do sal produzem a sensação que denominamos doçura. Em todos os corpos doces, encontra-se sempre o açúcar ou uma outra substância muito semelhante a ele; todas as espécies de sal examinadas ao microscópio têm uma forma própria, distinta, regular e invariável. A do salitre é uma figura oblonga e aguçada; a do sal marinho, um cubo exacto; a do açúcar uma esfera perfeita. Se já experimentastes a sensação táctil produzida por corpos redondos e polidos, tal como a dos berlindes de mármore com que se divertem as crianças quando os atiram para a frente e para trás e uns contra os outros, compreendereis facilmente o efeito que a doçura, que consiste num sal dessa natureza, causa no paladar. Posto que uma única esfera (embora de certo modo agradável ao tacto) apesar da regularidade da sua forma e do desvio algo súbito das suas partes em relação a uma linha recta, não chega a ser, de modo algum, tão agradável ao tacto como são várias esferas, quando a mão as percorre suavemente, elevando-se e caindo de uma para outra. E esse prazer aumenta consideravelmente, se as esferas estão em movimento e deslizando umas sobre as outras, pois essa variedade suave impede o tédio que a disposição uniforme das diversas esferas, ao invés, produziria. Assim, nos licores doces, embora muito provavelmente os elementos do seu veículo fluido sejam arredondados, são tão minúsculos que a forma dos seus componentes se furta à mais meticulosa observação do microscópio e, consequentemente, sendo tão excessivamente pequenas, têm qualquer coisa como uma simplicidade uniforme para o paladar, assemelhando-se aos efeitos dos corpos simples e lisos ao tacto. Visto que se um corpo for composto de partes arredondadas extremamente pequenas e comprimidas umas contra as outras, a superfície parecerá, tanto à visão como ao tacto, quase plana e lisa. As formas das partículas do açúcar revelam-se, claramente, ao microscópio, muito maiores do que as da água ou do óleo e, por conseguinte, os efeitos da sua redondeza serão mais diferenciados e perceptíveis às papilas nervosas daquele órgão delicado, a língua: o seu resultado será aquela sensação chamada doçura que sentimos levemente no óleo e, num grau ainda menor, na água; pois, por mais insípidos que sejam, a água e o óleo são, de certo modo, doces, e podemos observar que todos os tipos de coisas insípidas se assemelham mais à natureza da doçura do que à de qualquer outro gosto.

SECÇÃO XXII
A DOÇURA É RELAXANTE

Em relação aos outros sentidos, observámos que as coisas lisas são relaxantes. Agora, deve ser claro que as doces, que correspondem ao liso no paladar, também o são. É notável que, em algumas línguas, suave e doce são designados por um único termo. *Doux*, em francês, significa tanto uma coisa como a outra. O latim *dulcis* e o italiano *dolce* têm, muitas vezes, essas duas acepções. É evidente que as coisas doces geralmente acalmam, porque todas elas, principalmente as mais oleosas, se forem tomadas com frequência ou em grande quantidade, enfraquecem muito a tensão do estômago. Os cheiros adocicados, que se assemelham bastante aos sabores doces, têm uma notável propriedade relaxante. O odor das flores predispõe ao torpor e este efeito é ainda mais visível no mal-estar que causam às pessoas de nervos frágeis. Valeria a pena investigar se os gostos deste tipo, os doces, produzidos por óleos lisos e por um sal relaxante, não serão os gostos originariamente agradáveis. É que muitos daqueles que o uso tornou agradáveis não o eram de todo inicialmente. O único meio de investigar este caso é experimentar aqueles gostos que a natureza originalmente nos forneceu e que fez, desde o início, indiscutivelmente agradáveis, e analisar esta dotação. O *leite* é o primeiro alimento da nossa infância. É composto de água, óleo e uma espécie de sal muito doce chamado *açúcar do leite*. Quando misturados, todos esse componentes resultam numa grande *suavidade* para o gosto e numa qualidade relaxante para a pele. O segundo alimento nas preferências das crianças são as *frutas*, principalmente as frutas doces, e todos sabem que esta qualidade é produto dum óleo subtil e de um sal como o que foi já mencionado na secção anterior. Mais tarde, o costume, o hábito, o desejo de novidade e inúmeras outras causas confundem, adulteram e modificam o nosso paladar, a ponto de já não podermos raciocinar mais sobre ele de maneira satisfatória. Antes de encerrar esta secção, é preciso observar que assim como as coisas lisas têm, por si mesmas, um gosto agradável e uma qualidade relaxante, também, por outro lado, a experiência mostra-nos que as coisas que possuem uma qualidade tonificante e revigorante para as fibras são quase sempre ásperas e acres ao paladar e, em muitos casos, até mesmo ao tacto. Muitas vezes, aplicamos a qualidade da doçura, metaforicamente, aos objectos visuais. Para levar a cabo mais perfeitamente esta notável analogia dos sentidos, podemos dizer que a doçura é o belo no paladar.

SECÇÃO XXIII
POR QUE É A VARIAÇÃO BELA

Uma outra propriedade fundamental dos objectos belos é que o contorno das suas partes está constantemente a variar a sua direcção mas fá-lo através de um desvio quase imperceptível, nunca mudando tão bruscamente a ponto de surpreender ou de causar, pela saliência pronunciada do seu ângulo, uma crispação ou uma convulsão do nervo óptico. Nada que apresente uma pronunciada uniformidade ou que varie muito subitamente pode ser belo, porque essas duas qualidades impedem aquele relaxamento que constitui o efeito específico da beleza. Esta observação aplica-se a todos os sentidos. Um movimento em linha recta é o tipo de movimento em que, logo a seguir à descida de uma encosta suave, encontramos menos resistência; no entanto, não é este o tipo de movimento que, logo a seguir a uma descida, nos cansa menos. O repouso certamente tende a relaxar; contudo, existe um tipo de movimento que descontrai mais do que o repouso: o suave movimento oscilatório, no qual se sobe e desce, alternadamente. O balanço adormece as crianças mais rapidamente do que o repouso absoluto. Na verdade, nessa idade, nada há que dê mais prazer do que subir e descer suavemente. O tipo de diversão com o qual as amas-de-leite costumam entreter as crianças e, mais tarde, a preferência destas pelo baloiço, prova suficientemente este facto. A maioria das pessoas deve ter observado a espécie de sensação que experimentaram ao serem conduzidas velozmente numa carruagem confortável, sobre um terreno cheio de relva macia e onde se sucedam elevações e declives suaves. Este exemplo proporcionará uma ideia melhor do belo e assinalará a sua causa provável melhor do que qualquer outro. Quando, pelo contrário, somos rapidamente transportados sobre um caminho acidentado, irregular e cheio de pedras, a dor causada por essas súbitas irregularidades mostra a razão pela qual ver, tocar e ouvir objectos com características semelhantes é tão contrário à beleza. E no que diz respeito ao tacto, o efeito é exactamente ou quase o mesmo, quer eu, por exemplo, percorra com a mão a superfície dum corpo com uma determinada forma, quer esse corpo se mova ao longo da minha mão. Mas, para relacionar essa analogia dos sentidos com a visão, observemos que, se um corpo apresentado a este sentido tem uma superfície tão irregular que os raios de luz por ele reflectido variam contínua e imperceptivelmente da luz mais forte para a mais fraca (o que sempre acontece quando uma superfície é gradualmente irregular), o efeito produzido quer na visão quer no tacto deve ser exactamente semelhante, agindo directamente sobre um e indirectamente sobre o outro. E este corpo será belo se as linhas que compõem a sua superfície não forem nem contínuas nem tão variadas que possam cansar ou distrair a atenção. A própria variação deve variar constantemente.

SECÇÃO XXIV
SOBRE A PEQUENEZ

A fim de evitar a monotonia que uma repetição demasiado frequente dos mesmos raciocínios e de exemplos da mesma natureza pode ocasionar, não me deterei em cada pormenor relativo à beleza fundada na disposição da sua quantidade ou na quantidade em si. Há uma grande incerteza em relação à magnitude dos corpos, visto que as ideias de grande e de pequeno são termos quase inteiramente relativos às espécies dos objectos, que são inúmeras. É verdade que, tendo uma vez determinado a espécie a que pertence um objecto e as dimensões comuns aos indivíduos que nela se enquadram, podemos observar que alguns ultrapassam e outros estão aquém da medida usual: os que a superam consideravelmente, devido a esse excesso, são mais grandiosos e terríveis do que belos, desde que a própria espécie não seja muito pequena. Mas uma vez que no mundo animal, e também em boa parte do vegetal, as qualidades constituintes da beleza podem estar unidas a objectos de dimensões maiores; quando esta união ocorre, as referidas qualidades formam uma espécie um pouco diferente do sublime e do belo, a que chamei anteriormente *Especiosidade*. Contudo, não creio que a especiosidade tenha um poder tão grande sobre as paixões como os corpos enormes, que são dotados de qualidades correspondentes ao sublime, ou como as qualidades da beleza, quando reunidas num objecto pequeno. A afecção causada por corpos grandes adornados com vestígios de beleza consiste numa tensão constantemente aliviada, que se aproxima da mediocridade. Se eu tivesse de explicar qual a minha impressão nessas ocasiões, diria que o sublime é menos prejudicado pela sua união com algumas qualidades da beleza do que esta, ao associar-se à grandeza de quantidade ou a quaisquer outras propriedades do sublime. Em tudo aquilo que nos inspira um temor reverencial, em todas as coisas que, mesmo remotamente, são terríveis, há algo de tão impositivo que nada mais se afirma na sua presença. Aqui, as qualidades da beleza jazem inertes ou ineficazes, ou, quando muito, a sua acção enfraquece o rigor e a severidade daquele terror, que constitui o concomitante natural da grandiosidade. Além do excepcionalmente grande em todas as espécies, devemos considerar o seu oposto, o pequenino e diminuto. A pequenez, meramente enquanto tal, não é absolutamente contrária à ideia de beleza. O beija-flor, tanto na forma como na coloração, não é superado por nenhum outro exemplar da espécie alada, da qual ele é o menor membro, e talvez a sua beleza seja até mesmo realçada pela sua pequenez. Mas existem animais que, quando são extremamente pequenos, raramente (ou mesmo nunca) são belos. Há um tipo anão de homens e mulheres, que os faz quase sempre tão gordos e encorpados, em comparação com a sua altura, que a sua figura nos é bastante desagradável. Mas se encontrássemos um homem de altura não superior a dois ou três pés cujos membros tivessem uma delicadeza condizente com tal tamanho e que fosse dotado de todas as qualidades comuns a outros corpos belos, estou plenamente convencido de que uma pessoa com essa estatura poderia ser considerada bela; poderia tornar-se objecto de amor e a sua presença inspirar ideias muito agradáveis. A única coisa que possivelmente impediria o nosso prazer é que tais criaturas, não obstante a sua bela forma, são insólitas e, por isso, muitas vezes consideradas algo monstruosas. O volumoso e gigantesco, embora bastante compatível com o sublime, opõe-se ao belo. É impossível imaginar um gigante como objecto de amor. Quando damos asas à nossa imaginação num romance, as ideias que naturalmente associamos a esse tamanho são as de tirania, crueldade, injustiça e tudo o que é horrendo e abominável. Imaginamos o gigante devastando o país, espoliando o viajante inocente e depois empanturrado com a sua carne semiviva: assim são Polifemo([54]),

---

([54]) Filho de Poseidon e um dos Ciclopes que tinha sido cegado por Odisseu.

Caco(⁵⁵) e outros semelhantes, que fazem tão terrível figura nas ficções e nos poemas heróicos. O evento que mais nos prende a atenção e mais satisfação nos causa é a sua derrota e morte. Não me lembro, de entre todas aquelas inúmeras mortes nas quais a Ilíada é pródiga, que a ruína de algum homem notável pela sua grande estatura e força nos cause compaixão e também não parece que o autor, tão versado na natureza humana, o tivesse pretendido alguma vez. É Simoísio(⁵⁶), arrancado de seus pais na tenra flor da idade, tomado por um frémito de coragem tão desproporcional à sua força; é aquele outro, jovem, belo e noviço nos combates, prematuramente expulso, pela guerra, dos braços de sua esposa, que nos comovem pelo seu destino extemporâneo. Aquiles, a despeito dos muitos traços de beleza com que Homero dotou a sua forma exterior e das inumeráveis e grandes virtudes com que adornou o seu espírito, jamais nos poderá inspirar amor. Note-se que Homero atribuiu aos Troianos, de cujo destino queria fazer-nos compadecer, um número muito maior de virtudes corteses e afáveis do que as que distribuiu entre os Gregos. A paixão da piedade, que ele quis despertar em favor dos Troianos, funda-se no amor, e estas virtudes menores - e, se assim posso chamá-las, domésticas - são, sem dúvida, as mais adoráveis. Já os Gregos, fê-los decididamente superiores aos Troianos na política e nos dons bélicos. As assembleias de Príamo são fracas; as armas de Heitor são comparativamente frágeis e a sua coragem muito inferior à de Aquiles. No entanto, amamos Príamo mais do que Agamnénon e Heitor mais do que o seu conquistador Aquiles. A paixão que Homero quis desencadear a favor dos Gregos é a admiração, e fê-lo dotando-os de virtudes que pouco têm a ver com o amor. Esta curta digressão talvez não esteja tão distante do nosso objectivo, pois queremos mostrar que os objectos de grandes dimensões são incompatíveis com a beleza, e são tanto mais incompatíveis quanto maiores forem; ao passo que, se aos pequenos faltar a beleza, esse defeito não deverá ser atribuído ao seu tamanho.

(⁵⁵) Filho de Vulcano.
(⁵⁶) Filho de Antémio, morto pela lança de Telamonian Aias.

SECÇÃO XXV
SOBRE A COR

Discorrer sobre a cor seria uma tarefa quase infinita. No entanto, creio que os princípios estabelecidos no início desta parte bastam para explicar os efeitos de todas as cores, assim como os efeitos agradáveis dos corpos transparentes, sejam eles fluidos ou sólidos. Imaginemos que eu olho para uma garrafa, de cor azul ou vermelha, cheia dum licor turvo: os raios de luz, azuis ou vermelhos, não conseguem chegar dum modo puro até ao olho, uma vez que são súbita e irregularmente detidos pela interposição de corpúsculos opacos, que, inesperadamente, modificam a ideia e a transformam também numa outra desagradável pela sua própria natureza, segundo os princípios estabelecidos na Secção 24. Quando, porém, o raio de luz atravessa livremente o vidro ou o licor, sendo estes totalmente transparentes, a luz suaviza-se um pouco na passagem, tornando-se até mais agradável enquanto luz; e o licor, reflectindo todos os raios da sua própria cor de modo *uniforme*, produz no olho um efeito semelhante ao que os corpos opacos e lisos causam na visão e no tacto. De modo que o prazer, neste caso, é aumentado pela suavidade da luz transmitida e pela uniformidade da luz reflectida. Este prazer poderá ser intensificado pelos princípios comuns a outras coisas, se a forma do vidro que contém o licor transparente for criteriosamente variada, de modo a que a cor se apresente, gradual e alternadamente, fraca e forte, com toda aquela diversidade que o juízo em assuntos dessa natureza, sugira. Recapitulando tudo o que se disse acerca dos efeitos bem como das causas do sublime e do belo, ver-se-á que estes se fundam em princípios muito diferentes, tanto quanto o são as afecções que produzem: o grandioso tem como base o terror, que, quando modificado, causa no espírito a emoção que denominei assombro; o belo funda-se no mero prazer positivo e excita na alma o sentimento a que chamamos amor. As suas causas constituíram o tema desta quarta parte.

PARTE V

SECÇÃO I
SOBRE AS PALAVRAS

Os objectos naturais afectam-nos devido às leis daquela conexão que a Providência estabeleceu entre certos movimentos e configurações dos corpos e certos sentimentos deles resultantes nas nossas mentes. A pintura afecta-nos da mesma maneira, mas com o prazer acrescido da imitação. A arquitectura afecta--nos mediante as leis da Natureza e a lei da Razão. Desta última, derivam as regras da proporção que fazem com que uma obra seja louvada ou desaprovada, quer no seu todo quer em alguma parte, quando o fim para o qual foi concebida é ou não adequadamente cumprido. Mas, quanto às palavras, parece-me que elas nos afectam duma maneira muito diferente daquela que resulta quando somos afectados pelos objectos naturais, pela pintura ou pela arquitectura. Contudo, as palavras são tão capazes de excitar as ideias de beleza e do sublime quanto aqueles objectos e, muitas vezes, com um poder ainda maior do que qualquer um deles. Por conseguinte, uma investigação acerca da maneira como as palavras provocam tais emoções não é de modo algum desnecessária num tratado como este.

SECÇÃO II
O EFEITO COMUM DA POESIA NÃO É SUSCITAR AS IDEIAS DAS COISAS

A noção que comummente se tem do poder da poesia e da eloquência, assim como das palavras, na conversação comum, é que elas agem sobre a mente, suscitando-lhe as ideias das coisas que representam, segundo o uso estabelecido pelo costume. Para investigar a veracidade desta opinião, creio ser necessário observar que as palavras podem ser divididas em três classes[57]. A primeira é constituída pelas que representam muitas ideias simples *unidas pela natureza* para formar um determinado composto, como homem, cavalo, árvore, castelo, etc. Chamo a estas *palavras agregadas*. A segunda é formada por aquelas que simbolizam uma única ideia simples de tais compostos, e não mais do que uma, como vermelho, azul, redondo, quadrado e outras semelhantes. Chamo a estas palavras *simples abstractas*. A terceira compreende as formadas por uma união *arbitrária* das duas anteriores e das várias relações entre elas, em graus maiores ou menores de complexidade, como virtude, honra, persuasão, magistrado, e assim por diante. Denomino-as palavras *abstractas compostas*. Estou ciente de que as palavras podem ser classificadas em distinções mais curiosas, mas estas parecem ser naturais e suficientes para o nosso propósito e estão dispostas na ordem em que são comummente ensinadas e pela qual a mente apreende as ideias que elas representam. Começarei pela terceira classe de palavras, as abstractas compostas, como virtude, honra, persuasão, docilidade. Estou convencido de que estas palavras, seja qual for o poder que porventura tenham sobre as paixões, não o derivam de suscitarem na mente qualquer representação, das coisas que elas simbolizam. Sendo compostas, não constituem essências reais e dificilmente originam, penso eu, quaisquer ideias reais. Não creio que alguém, ao ouvir sons como "virtude", "liberdade" ou "honra", conceba de imediato alguma noção precisa dos modos particulares de acção e

---

[57] Cf. Locke, *Ensaio sobre o Entendimento Humano*, III. Iv-v.

de pensamento, em simultâneo com as ideias mistas ou simples, e com as várias relações entre elas, que estas palavras substituem; e também não creio que dessas palavras alguém consiga formar uma ideia geral, visto que se a tivesse perceberia logo algumas dessas ideias em particular, embora provavelmente de modo vago e confuso. Mas suponho que isto quase nunca sucede. Pois, para analisarmos uma dessas palavras teremos de reduzi-la de um conjunto de palavras gerais a outro e, seguidamente, às palavras simples abstractas e às agregadas, numa série mais longa do que se poderia imaginar inicialmente, até que uma ideia real venha à luz e cheguemos a descobrir qualquer coisa semelhante aos primeiros princípios de tais compostos; e, quando tivermos descoberto essas ideias originais, o efeito da composição terá desaparecido completamente. Uma cadeia de pensamentos deste tipo é demasiado longa para ser seguida na conversação normal e nem é necessário fazê-lo. Tais palavras são, na realidade, meros sons. Contudo, são sons usados em circunstâncias especiais, em que obtemos algum bem, sofremos algum mal, vemos outros serem atingidos por algo bom ou mau, ou que ouvimos serem usados para significar outras coisas ou eventos interessantes, e ao serem aplicadas a uma tal variedade de casos logo apreendemos, pelo hábito, a que coisas se referem. Deste modo, elas produzem depois na mente, sempre que proferidas, efeitos semelhantes aos daquelas circunstâncias. Os sons, mesmo transportando as suas impressões iniciais, ao serem usados muitas vezes sem referência alguma a qualquer situação particular, perdem, por fim, completamente, a sua ligação com as circunstâncias que lhes deram origem. Contudo, o som, embora sem nenhuma noção a ele associada, continua a operar como antes.

SECÇÃO III

OS TERMOS GERAIS OCORREM ANTES DAS IDEIAS

O Sr. Locke observou em algum lugar, com a sua habitual sagacidade, que os termos gerais, principalmente os que se relacionam com a virtude e o vício, com o bem e o mal, são ensinados antes que os tipos especiais de acção aos quais aludem sejam apresentados à mente; e com eles, o amor a uns e a aversão aos outros, pois as mentes das crianças são tão maleáveis que a ama-de-leite ou uma pessoa próxima podem comunicar-lhes uma disposição idêntica, ao parecerem satisfeitas ou descontentes com alguma coisa ou até mesmo com uma palavra. Mais tarde, quando os diversos acontecimentos da vida começam a aplicar-se a essas palavras, quando o que é agradável se apresenta, muitas vezes, sob o nome do mal e o que é desagradável à natureza se designa como bom e louvável, surge nas mentes de muitas pessoas uma estranha confusão de ideias e de sentimentos e mesmo uma contradição, de modo algum negligenciável, entre as suas noções e as suas acções. Muitos, sem hipocrisia ou afectação, amam a virtude e detestam o vício e, não obstante, frequentes vezes agem mal ou de modo perverso em casos particulares, e isto sem o mínimo remorso; porque nunca depararam com os casos específicos em que as paixões partidárias da virtude são apresentadas calorosamente, por certas palavras originalmente inflamadas pelo hálito dos outros. E por esta razão, dificilmente se proferem determinadas séries de vocábulos, ainda que reconhecidamente inócuos em si mesmos, sem que exerçam alguma influência sobre as paixões, especialmente se um tom de voz caloroso e comovente os acompanha, como por exemplo:

Sábio, valente, generoso, bom e grandioso.

Estas palavras, não tendo aplicação, deveriam ser ineficazes. Mas, quando os termos reservados às grandes ocasiões são usados, somos afectados até mesmo sem aquelas ocasiões. Todas as vezes que essas palavras, geralmente usadas dessa maneira, são reunidas sem qualquer objectivo racional, ou de tal modo que não condigam umas com as outras, chama-se a esse estilo bombástico. E é necessário, em muitos casos, possuir muito bom senso e experiência para nos defendermos da força de tal linguagem pois, quando a adequação da linguagem é negligenciada, tendemos a usar uma maior quantidade dessas palavras e somos mais complacentes na variedade da sua combinação.

SECÇÃO IV
O EFEITO DAS PALAVRAS

Se as palavras estão em plena posse do seu poder produzirão três efeitos na mente do ouvinte. O primeiro é o *som*; o segundo, a *imagem* ou representação da coisa significada pelo som; o terceiro é a *afecção* da alma causada por um destes ou por ambos. As palavras *abstractas compostas* às quais nos referimos (honra, justiça, liberdade e outras semelhantes) causam o primeiro e o último destes efeitos, mas não o segundo. As *abstractas simples* são usadas para denotar uma ideia simples, sem remeter especialmente para outras que por vezes as acompanham, como azul, verde, quente, frio, etc. Estas possuem a faculdade de suscitar os três efeitos das palavras, do mesmo modo que o fazem, num grau ainda maior, as *agregadas* como homem, cavalo, etc. Contudo, na minha opinião, o efeito mais geral que até mesmo estas palavras podem produzir não nasce do facto de formarem imagens das várias coisas que representam na imaginação, porque, numa análise cuidadosa da minha própria mente, e ao persuadir outras pessoas a examinarem a sua, verifico que nem mesmo uma vez, em vinte, qualquer imagem deste tipo se forma e, quando tal acontece, na grande maioria das vezes, é necessário um esforço especial da imaginação. As palavras agregadas operam do mesmo modo que as abstractas compostas, não por apresentarem uma imagem à mente, mas sim porque, ao serem proferidas, produzem, em virtude do hábito, um efeito idêntico àquele causado quando vemos a coisa que as originou. Suponhamos que líamos uma passagem como a que se segue: "O rio Danúbio nasce num solo húmido e montanhoso, no coração da Alemanha, onde, serpenteando, banha vários principados; até que, voltando-se para a Áustria, após deixar os muros de Viena, penetra na Hungria; com as suas caudalosas águas, acrescidas pelo Saave e pelo Drave, deixa a cristandade e, atravessando com ímpeto os países bárbaros que fazem fronteira com a Tartária, entra no Mar Negro através de um delta." Nesta descrição, mencionam-se muitas coisas tais como montanhas, rios, cidades, o mar etc. Mas deixemos que alguém examine a sua mente para ver se a sua imaginação reteve alguma impressão, dum rio, duma montanha, dum solo húmido, da Alemanha, etc. De facto, é impossível, dada a velocidade com que as palavras se sucedem durante a conversação, ter ideias tanto do som da palavra como da coisa representada. Além disso, alguns termos que exprimem essências reais estão de tal modo misturados com outros termos de carácter geral e nominal, que é impraticável saltar da sensação para o pensamento, do particular para o geral, das coisas para as palavras, de modo a satisfazer as necessidades da vida. Nem é necessário que o façamos.

SECÇÃO V

EXEMPLO DE QUE AS PALAVRAS PODEM AFECTAR-NOS SEM SUSCITAR IMAGENS

Creio ser muito difícil persuadir algumas pessoas de que as suas paixões são afectadas por palavras que não lhes suscitam nenhuma ideia; e é ainda mais difícil convencê-las de que, no curso normal da conversação, fazemo-nos entender satisfatoriamente sem suscitar nenhuma imagem das coisas de que falamos. Parece-me estranho discutir com alguém acerca de ter ou não ter ideias na mente. À primeira vista, qualquer homem deveria ajuizar e decidir acerca disto de modo definitivo. Mas, por mais estranho que possa parecer, muitas vezes somos incapazes de saber que ideias temos das coisas ou se, acerca de determinados assuntos, as chegamos a ter de todo. Essa questão exige mesmo uma grande atenção para ser resolvida de maneira completamente satisfatória. Após ter escrito estas páginas, encontrei dois exemplos surpreendentes de como alguém pode ouvir palavras sem ter nenhuma ideia das coisas que elas representam, sendo contudo capaz de as repetir depois aos outros, em novas combinações e com grande pertinência, energia e erudição. O primeiro caso é o do Sr. Blacklock, um poeta cego de nascença. Poucos homens abençoados com a mais perfeita visão conseguem descrever os objectos visuais com mais vivacidade e precisão do que este cego, algo que não se pode atribuir ao facto de ele ter uma concepção mais clara das coisas que descreve do que aquela que é comum a outras pessoas. O Sr. Spence, num prefácio elegante às obras deste poeta, explica com muita agudeza e, suponho, que em geral com muita justeza, a causa deste extraordinário fenómeno. Mas não posso concordar inteiramente com a sua opinião. Segundo esta, algumas impropriedades da linguagem e do pensamento presentes nestes poemas devem-se a uma ideia imperfeita que o poeta cego tem dos objectos visuais. Contudo, tais defeitos, e outros muito maiores, podem ser encontrados em escritores superiores ao Sr. Blacklock, os quais possuem a faculdade da visão na sua plenitude. Eis, sem dúvida, um poeta que se comove com as suas próprias descrições, tanto como qualquer outro leitor. E, no entanto, é afectado com tão grande entusiasmo por coisas acerca das quais não tem, nem pode ter nenhuma ideia, excepto a dum mero som. Então, por que razão as pessoas que lêem as suas obras não poderiam emocionar-se da mesma maneira que ele e ter igualmente tão poucas ideias reais das coisas descritas? O segundo exemplo é o Sr. Saunderson([58]), professor de Matemática da Universidade de Cambridge. Este homem erudito adquiriu um grande conhecimento de filosofia natural, de astronomia e de todas as ciências que dependem

---

([58]) O Doutor Nicholas Saunderson (1682-1739) perdeu a visão na infância por causa da varicela.

da competência matemática. E, o que é mais extraordinário e vem de encontro ao meu objectivo, deu excelentes conferências sobre a luz e as cores. Este homem ensinou a outros a teoria das ideias que eles possuíam e que ele próprio, sem dúvida, não tinha. Mas é provável que, para ele, as palavras vermelho, azul, verde, servissem os mesmos propósitos que as ideias das próprias cores. Visto que, aplicando as ideias de graus maiores ou menores de refracção da luz a estas palavras, e ensinando-lhe em que outros aspectos elas costumam assemelhar-se e distinguir-se, o cego é capaz de raciocinar acerca de tais palavras com tanta facilidade como se tivesse pleno domínio das ideias. Com efeito, deve ser reconhecido que ele não era capaz de realizar qualquer descoberta através da experiência. Limitou-se a fazer aquilo que nós próprios fazemos, diariamente, na conversação comum. Quando escrevi esta última afirmação e usei os termos *diariamente* e *conversação comum,* não tinha na minha mente nenhuma imagem de sucessão no tempo, nem dos homens, quando conversam entre si, assim como não creio que o leitor as tenha ao lê-las. Nem, creio eu, quando falei de vermelho, azul e verde, ou da capacidade de refracção da luz, ainda que tivesse diante dos meus olhos as imagens destas cores diversas ou dos raios de luz a serem transpostos para um meio diferente, e aí, desviando-se do seu caminho. Sei muito bem que a mente possui a faculdade de criar tais imagens, quando assim o deseja; mas, neste caso, é necessário um acto de vontade, ao passo que na conversação comum, bem como na leitura comum, muito raramente uma imagem é suscitada na mente. Se disser "Irei à Itália no próximo Verão," serei entendido perfeitamente. No entanto, não creio haver alguém que desenhe na sua imaginação a figura nítida do falante viajando por terra ou por mar, ou ambos; algumas vezes, a cavalo; outras numa carruagem, com todos os pormenores da viagem. Muito menos terá alguma ideia da Itália, aquele país aonde me propus ir, ou da verdura dos seus campos, das frutas maduras e do clima cálido, na mudança para aquela estação, ideias que são substituídas pela palavra *Verão.* Mas, sobretudo, o meu interlocutor não forma qualquer imagem da palavra *próximo,* pois esta palavra simboliza a ideia de muitos verões, com excepção de um e, certamente, quem diz *próximo Verão* não tem nenhuma imagem de tal sucessão e de tal exclusão. Em suma, não se *pode* formar imagem alguma, nem daquelas ideias comummente chamadas abstractas, nem mesmo das ideias de seres reais particulares; de ambos falamos sem que a sua ideia seja suscitada na imaginação, como será certamente evidenciado através de um exame atento das nossas mentes. Na verdade, o efeito da poesia depende tão pouco da capacidade de produzir imagens sensíveis que estou convencido que ela perderia uma parte bastante considerável da sua energia, caso esta resultasse necessariamente de uma qualquer descrição. É que aquela união de palavras comovedoras que constitui o mais poderoso de todos os instrumentos poéticos, perderia frequentemente a sua energia, juntamente com a sua propriedade e consistência, se as imagens sensíveis fossem sempre excitadas. Não há, talvez, em toda a Eneida uma passagem mais majestosa e elaborada do que a descrição da caverna de Vulcano, no Etna, e dos trabalhos que ali são levados a cabo. Virgílio detém-se particularmente na formação do trovão, que ele descreve no seu estado inacabado, sob os golpes dos martelos dos ciclopes. Mas quais são os princípios desta composição extraordinária?

Tinham juntado três porções de saraiva, três de nuvem aquosa,
Três de fogo rutilante e três de alado Austro.
Misturavam agora à obra fulgores terríveis, estrondo e terror
E cólera de chamas encarniçadas([59]).

Parece-me admiravelmente sublime. No entanto, se considerarmos friamente o tipo de imagem sensível que uma combinação de ideias desta espécie deve formar, as quimeras dos loucos não podem parecer mais selvagens e absurdas do que tal quadro. "Três porções de chuva violenta, três de nuvem aquosa,

---

([59]) Em latim no original:
Tres imbris torti radios, tres nubis aquosae
Addiderant; rutili tres ignis et alitis Austri.
Fulgores nunc terrificos, sonitumque, metumque
Miscebant operi, flammisque sequacibus iras.
(*Eneida* viii. 429-32)

três de fogo e três de vento sul impetuoso; misturavam agora à obra relâmpagos terríveis, e estrépito, e medo e cólera com chamas devoradoras." Esta estranha composição forma um corpo tosco. É esculpido pelos martelos dos ciclopes, parcialmente polido e parcialmente deixado em bruto. A verdade é que, se a poesia nos oferece uma conjunção elevada de palavras, correspondendo a muitos ideais nobres que são ligados por circunstâncias de tempo ou de lugar, relacionados uns com os outros, como causa e efeito, ou associados de algum modo natural; elas podem ser aglomeradas de acordo com qualquer forma e ainda assim corresponder perfeitamente à sua finalidade. A ligação entre as imagens não é necessária, uma vez que nenhuma figura real se forma e não é, por causa disso, que o efeito da descrição é menor. O que Príamo e os anciãos do seu conselho dizem de Helena é, em geral, concebido para nos dar a ideia mais elevada possível duma beleza fatal:

*Não é ignomínia que Troianos e Aqueus de belas cnémides
Sofram durante tanto tempo dores por causa de uma mulher destas!
Maravilhosamente se assemelha ela às deusas imortais*([60]).

*Gritaram: não surpreende que tais encantos celestiais
Tenham levado, por nove largos anos, o mundo às armas;
Que cativantes graças! Que porte majestoso!
Ela move-se como uma deusa, e parece rainha*([61]).

Aqui, não se diz uma palavra acerca dos detalhes da sua beleza nem nada que possa auxiliar-nos, o mínimo que seja,

---

([60]) Tradução de Frederico Lourenço. Em grego no original:
Οὐ νέμεσις Τρῶας καὶ ἐυκνήμιδας Ἀχαιούς
τοιῇδ᾽ ἀμφὶ γυναικὶ πολύν χρόνον ἄλγεα πάσχειν·
αἰνῶς ἀθανάτησι θεῇς εἰς ὦπα ἔοικεν·
(Homero, *Ilíada*, iii. 156-8.)

([61]) Em inglês no original:
*They cry'd, no wonder such celestial charms
For nine long years have set the world in arms;
What winning graces! What majestic mien!
She moves a goddess, and she looks a queen.*
Pope, *Ilíad*, iii. 205-8.)

a formar alguma ideia precisa acerca da sua pessoa. Contudo, esta maneira de a apresentar impressiona-nos muito mais do que aquelas descrições longas e elaboradas de Helena que encontramos em alguns autores, tanto as que nos chegaram da tradição como as que são formadas pela fantasia. A mim, ela comove-me certamente muito mais do que a descrição pormenorizada que Spenser fez de Belphebe, embora deva reconhecer que algumas das suas partes, tal como ocorre com todas as descrições deste excelente escritor, são extremamente belas e poéticas. O quadro aterrador que Lucrécio traçou da religião, a fim de realçar a magnanimidade do seu herói filosófico que a combate, é considerado como sendo muito ousado e vívido:

> *Quando ante os olhos a humanidade, miserável,*
> *Jazia por terra, oprimida pelo peso da religião,*
> *E, mostrando a cabeça do alto dos céus,*
> *Ameaçava os mortais com o seu tremendo aspecto,*
> *O primeiro a ousar erguer contra ela os olhos mortais*
> *Foi um homem grego...* ([62])

Que ideia se extrai deste excelente quadro? Nenhuma, sem sombra de dúvida. O poeta nem sequer chegou a dizer uma única palavra que pudesse minimamente servir para caracterizar um só membro ou traço daquele espectro, que ele quis representar no meio de todos os horrores que a imaginação pode conceber. Na verdade, nem a poesia nem a retórica conseguem fazer descrições tão precisas como a pintura; o seu objectivo é impressionar mais pela simpatia do que pela imitação; sugerir o efeito das coisas sobre a mente do orador ou

---

([62]) Em latim no original:
> *Humana ante oculos foede cum vita jaceret,*
> *In terris, oppressa gravi sub religione,*
> *Quae caput e coeli regionibus ostendebat*
> *Horribili desuper visu mortalibus instans;*
> *Primus Graius homo mortales tollere contra*
> *Est oculos ausus...*
> (Lucrécio, *De Rerum Natura*, I, 62-67)

O homem mortal ("Graius Homo") a que se refere Lucrécio é Epicuro.

dos ouvintes, mais do que apresentar-lhes uma ideia clara das próprias coisas. Este é o seu domínio mais extenso e aquele no qual obtém mais sucesso.

SECÇÃO VI
A POESIA NÃO É RIGOROSAMENTE UMA ARTE IMITATIVA

Por este motivo, podemos concluir que a poesia, tomada no seu sentido mais geral, não pode ser considerada rigorosamente uma arte imitativa. De facto, ela só constitui uma imitação no sentido em que descreve os costumes e as paixões dos homens que as suas palavras podem exprimir, enquanto *animi motus effert interprete lingua*[63]. Neste caso, ela é estritamente uma imitação e toda a poesia meramente *dramática* é deste tipo. Mas a poesia *descritiva* opera principalmente por substituição, mediante os sons, que, graças ao hábito, causam o efeito das realidades. Nada é uma imitação, a não ser quando se assemelha a uma outra coisa. E as palavras, indubitavelmente, não apresentam nenhuma semelhança com as ideias que representam.

SECÇÃO VII
COMO AS PALAVRAS INFLUENCIAM AS PAIXÕES

Ora, como as palavras causam um efeito, não por causa de algum poder que lhes seja inerente, mas porque representam algo, poder-se-ia supor que a sua influência sobre as paixões seria muito pequena. No entanto, ocorre justamente o contrá-

---

([63]) *"Revela tais emoções da alma mediante a palavra, que as traduz"* (cf. Horácio, *Arte Poética*, I. 111).

rio, pois a experiência mostra-nos que a eloquência e a poesia têm uma capacidade idêntica, e até mesmo superior, de causar impressões mais vívidas e profundas do que as outras artes e, inclusive, muitas vezes, mais do que a própria natureza. E este facto deriva principalmente das três causas seguintes. Em primeiro lugar, porque somos capazes de partilhar as paixões dos outros e facilmente nos comovemos e sentimos simpatia perante qualquer sinal destas paixões. Ora, não existem sinais que possam exprimir todas as circunstâncias da maioria das paixões tão plenamente quanto as palavras. Por conseguinte, se uma pessoa fala de algum assunto, ela pode não apenas comunicar-nos o seu conteúdo mas também a maneira como ela própria se sente em relação a ele. Sem dúvida alguma, a influência que grande parte das coisas exerce sobre as nossas paixões deriva menos delas próprias do que das opiniões que sobre elas temos e estas, por sua vez, dependem grandemente das opiniões dos outros homens, as quais muitas vezes, não podem ser comunicadas senão por palavras. Em segundo lugar, há diversas coisas duma natureza extremamente comovente que muito raramente ocorrem na realidade, mas as palavras que as representam são usadas com bastante frequência, o que lhes possibilita, portanto, causar uma impressão intensa e enraizar-se na mente, ao passo que a ideia da realidade é passageira; e a algumas pessoas talvez até não tenham jamais ocorrido sob forma alguma, mas, não obstante, causam uma forte impressão, como a guerra, a morte, a fome, etc. Além disso, muitas ideias nunca foram apresentadas aos sentidos de homem algum a não ser mediante palavras, como Deus, anjos, demónios, Céu e Inferno e, contudo, todas elas exercem uma grande influência sobre as paixões. Em terceiro lugar, com as palavras temos a capacidade de realizar *combinações* que, de outro modo, não seriam possíveis. Através desta capacidade de combinar, podemos, mediante circunstâncias criteriosamente escolhidas, dar uma vida e uma força novas a um objecto simples. Na pintura, podemos representar qualquer figura bela que quisermos, mas não será possível jamais conferir-lhe os traços vívidos que poderia receber das palavras. Para representar um anjo num quadro, só podeis desenhar um belo jovem, com asas. Mas que pintura será capaz de lhe acrescentar algo tão grandioso como o faz a adição duma única palavra, "o anjo do *Senhor*"? É verdade que não tenho aqui uma ideia clara, mas estas palavras causam na mente uma impressão muito maior do que a imagem sensível e é este o ponto que desejo demonstrar. Um quadro de Príamo sendo arrastado até ao pé do altar e aí assassinado seria sem dúvida, se fosse bem executado, muito comovente. Mas há outras circunstâncias impressionantes que um tal quadro jamais poderia representar.

Inquinando com o seu sangue os fogos que ele próprio consagrara[64].

Milton dá-nos um outro exemplo no mesmo sentido com estas linhas, onde descreve as viagens dos anjos caídos, no seu lúgubre meio:

Sem folga, e através de vales lúgubres
Passaram, por regiões de dor, por gélidas
E férvidas montanhas, penhas, grutas,
Lagos, charcos, pauis, antros e sombras
De morte universal[65]

Aqui se manifesta a força da união em:

Penhas, grutas, lagos, charcos, pauis, antros e sombras;

---

[64] Em latim no original: "*Sanguine foedantem* quos ipse sacraverat *ignes.*" (Virgílio, *Eneida*, 2. 502.)
[65] Milton, *Paraíso Perdido*, trad. Daniel Jonas, Lisboa, Cotovia, 2006, II, 618-622.
Em inglês no original:
...*O'er many a dark and dreary vale*
They pass'd, and many a region dolorous;
O'er many a frozen, many a fiery Alp;
Rocks, caves, lakes, fens, bogs, dens and shades of death,
A universe of death
(*Paradise lost*, II, 618-622)

Que, no entanto, perderia grande parte do seu efeito, se não fosse pela adição de uma palavra:

*Penhas, grutas, lagos, charcos, pauis, antros e sombras –
– de Morte.*

Esta ideia ou afecção causada por uma palavra, e que só uma palavra é capaz de anexar às outras, suscita o sublime num grau muito elevado, e este é intensificado ainda mais pelo que se segue: "*um universo de Morte.*"Eis-nos, novamente, perante duas ideias que não podem ser apresentadas senão pela linguagem, uma união de ideias magnífica e surpreendente, que supera a nossa compreensão (caso seja possível chamar ideias àquilo que não apresenta à mente imagem alguma); ainda assim, será difícil conceber como podem as palavras excitar paixões relacionadas com objectos reais, sem os representar claramente. Esta dificuldade deve-se ao facto de, nas nossas observações sobre a linguagem, não distinguirmos suficientemente bem uma expressão clara duma expressão forte. Estas são, muitas vezes, confundidas uma com a outra, embora, na realidade, sejam extremamente diferentes. A primeira diz respeito ao entendimento; a segunda, pertence às paixões. Uma descreve uma coisa como ela é; a outra, como ela é sentida. Ora, tal como existe um tom de voz emocionado, um semblante apaixonado, um gesto eloquente, que comovem independentemente daquilo a que se referem, assim também há palavras e certas disposições das palavras que, sendo especialmente consagradas a assuntos passionais e sendo sempre empregues por aqueles que estão sob a influência de qualquer paixão, sensibilizam-nos e comovem-nos mais do que as que tratam do assunto com bastante mais clareza e precisão. Concedemos à simpatia o que recusamos à descrição. A verdade é que toda a descrição verbal, se for feita apenas de modo despojado, ainda que extremamente exacta, proporciona uma ideia tão pobre e insuficiente da coisa descrita que não teria sequer o mínimo efeito, caso o falante não recorresse ao auxílio daqueles modos de discurso que o marcam fortemente com um sentimento poderoso e vívido. Então, pelo contágio das nossas paixões, nós acendemos em nós um fogo que já está aceso em outro e que provavelmente nunca poderia ter sido aceso pelo objecto descrito. As palavras, ao transmitirem as paixões com intensidade, através dos meios já mencionados, compensam plenamente a fragilidade que em outros aspectos possuem. Pode-se observar que as línguas muito requintadas e aquelas que são louvadas pela sua superior clareza e perspicácia são em geral desprovidas de força. A língua francesa tem esta perfeição e este defeito. Ao passo que as línguas orientais e a maioria das línguas faladas pelos povos não cultivados são possuidoras duma grande força e energia de expressão, o que é perfeitamente natural. Os povos rudes são observadores medianos das coisas e não as distinguem de forma crítica. Mas, por este mesmo motivo, sentem uma admiração maior e são mais afectados pelo que vêem e, portanto, expressam-se duma maneira mais ardente e apaixonada. Se a afecção for comunicada adequadamente, produzirá o seu efeito sem nenhuma ideia clara e, muitas vezes, sem ideia alguma da coisa que lhe deu origem.

Seria de esperar da fecundidade deste assunto, que eu me estendesse mais nas considerações sobre a poesia e sobre as suas relações com o sublime e o belo, mas cabe-me lembrar que este aspecto foi já abordado muitas vezes e de forma satisfatória. A minha intenção não foi tratar a crítica do sublime e do belo numa arte em particular, mas sim tentar estabelecer os princípios que permitam determinar, distinguir e compor uma espécie de padrão para eles. Julguei que poderia atingir estes objectivos com mais eficácia, investigando as propriedades das coisas naturais que nos inspiram amor e admiração e mostrando de que modo operam para produzir estas paixões. As palavras foram examinadas apenas quanto aos princípios que as tornam capazes de representar as coisas naturais e quanto aos poderes através dos quais podem causar-nos frequentemente uma impressão tão forte, e por vezes mais forte ainda, como as coisas que representam.

Índice

Introdução	7
Bibliografia sobre Edmund Burke	17
Nota dos tradutores acerca da presente edição	19

UMA INVESTIGAÇÃO FILOSÓFICA ACERCA DA ORIGEM
DAS NOSSAS IDEIAS DO SUBLIME E DO BELO
Edmund Burke 21

Prefácio da Primeira Edição	23
Prefácio da Segunda Edição	25
Introdução. SOBRE O GOSTO	29

PARTE I

Secção I. NOVIDADE	49
Secção II. DOR E PRAZER	50
Secção III. A DIFERENÇA ENTRE A REMOÇÃO DA DOR E O PRAZER POSITIVO	52
Secção IV. DO DELEITE E DO PRAZER, ENQUANTO OPOSTOS	54
Secção V. ALEGRIA E DESGOSTO	55
Secção VI. DAS PAIXÕES QUE PERTENCEM À AUTO-PRESERVAÇÃO	57
Secção VII. DO SUBLIME	58

Secção VIII. DAS PAIXÕES QUE PERTENCEM À SOCIEDADE . .   59
Secção IX. A CAUSA FINAL OU A DIFERENÇA ENTRE
    AS PAIXÕES QUE PERTENCEM À AUTO-PRESERVAÇÃO
    E AS QUE DIZEM RESPEITO À SOCIEDADE DOS SEXOS. . .   60
Secção X. DA BELEZA   61
Secção XI. SOCIEDADE E SOLIDÃO   62
Secção XII. SIMPATIA, IMITAÇÃO E AMBIÇÃO   63
Secção XIII. SIMPATIA   63
Secção XIV. OS EFEITOS DA SIMPATIA
    PELOS INFORTÚNIOS DOS OUTROS   64
Secção XV. DOS EFEITOS DA TRAGÉDIA   66
Secção XVI. IMITAÇÃO   67
Secção XVII. AMBIÇÃO   69
Secção XVIII. RECAPITULAÇÃO   70
Secção XIX. CONCLUSÃO.   71

PARTE II

Secção I. DA PAIXÃO CAUSADA PELO SUBLIME   77
Secção II. TERROR   77
Secção III. OBSCURIDADE   79
Secção IV. DA DIFERENÇA ENTRE A CLAREZA
    E A OBSCURIDADE NO QUE DIZ RESPEITO ÀS PAIXÕES. .   80
Secção [IV]. CONTINUAÇÃO DO MESMO ASSUNTO   81
SECÇÃO V. PODER   85
Secção VI. PRIVAÇÃO   92
Secção VII. VASTIDÃO   93
Secção VIII. INFINITUDE.   95
Secção IX. SUCESSÃO E UNIFORMIDADE   96
Secção X. MAGNITUDE NOS EDIFÍCIOS   98
Secção XI. INFINITUDE NOS OBJECTOS AGRADÁVEIS   99
Secção XII. DIFICULDADE   99
Secção XIII. MAGNIFICÊNCIA   99
Secção XIV. LUZ   102
Secção XV. A LUZ NA CONSTRUÇÃO DE EDIFÍCIOS   103
Secção XVI. AS CORES CONSIDERADAS
    COMO PRODUTORAS DO SUBLIME   104

Secção XVII. SOM E RUÍDO 105
Secção XVIII. SUBITANIEDADE 105
Secção XIX. INTERMITÊNCIA 106
Secção XX. DOS GRITOS DOS ANIMAIS 107
Secção XXI. CHEIRO E PALADAR. AMARGOS E FEDORES 108
Secção XXII. SENSAÇÃO. DOR 110

PARTE III

Secção I. DA BELEZA 115
Secção II. A PROPORÇÃO NÃO É A CAUSA
DA BELEZA NOS VEGETAIS 116
Secção III. A PROPORÇÃO NÃO É A CAUSA
DA BELEZA NOS ANIMAIS 119
Secção IV. A PROPORÇÃO NÃO É A CAUSA
DA BELEZA NA ESPÉCIE HUMANA 120
Secção V. A PROPORÇÃO APROFUNDADA 126
Secção VI. A CONVENIÊNCIA NÃO É A CAUSA DA BELEZA.... 128
Secção VII. OS EFEITOS REAIS DA CONVENIÊNCIA 131
Secção VIII. RECAPITULAÇÃO 133
Secção IX. A PERFEIÇÃO NÃO É A CAUSA DA BELEZA 134
Secção X. ATÉ QUE PONTO A IDEIA DE BELEZA PODE SER
APLICADA ÀS QUALIDADES DA MENTE 134
Secção XI. ATÉ QUE PONTO A IDEIA DE BELEZA PODE SER
APLICADA À VIRTUDE 136
Secção XII. A CAUSA EFECTIVA DA BELEZA 136
Secção XIII. OS OBJECTOS BELOS SÃO PEQUENOS 137
Secção XIV. LISURA 138
Secção XV. VARIAÇÃO GRADUAL 139
Secção XVI. DELICADEZA 140
Secção XVII. A BELEZA NA COR 141
Secção XVIII. RECAPITULAÇÃO 142
Secção XIX. A FISIONOMIA 142
Secção XX. OS OLHOS 143
Secção XXI. FEALDADE 144
Secção XXII. GRAÇA 144
Secção XXIII. ELEGÂNCIA E ESPECIOSIDADE 145

Secção XXIV. A BELEZA NO TACTO 145
Secção XXV. A BELEZA NOS SONS 147
Secção XXVI. PALADAR E OLFACTO 149
Secção XXVII. COMPARAÇÃO ENTRE O SUBLIME E O BELO.. 149

PARTE IV

Secção I. DA CAUSA EFICIENTE DO SUBLIME E DO BELO 153
Secção II. A ASSOCIAÇÃO 154
Secção III. A CAUSA DA DOR E DO MEDO................... 155
Secção IV. CONTINUAÇÃO 157
Secção V. COMO SE GERA O SUBLIME...................... 158
Secção VI. COMO PODE A DOR SER UMA CAUSA DE DELEITE 159
Secção VII. O EXERCÍCIO É NECESSÁRIO
 AOS ORGÃOS MAIS DELICADOS 160
Secção VIII. POR QUE MOTIVO É QUE AS COISAS
 INOFENSIVAS PRODUZEM UMA PAIXÃO COMO O TERROR 161
Secção IX. POR QUE SÃO SUBLIMES OS OBJECTOS VISUAIS
 DE GRANDES DIMENSÕES 161
Secção X. POR QUE É A UNIDADE NECESSÁRIA À VASTIDÃO . 163
Secção XI. O INFINITO ARTIFICIAL 164
Secção XII. AS VIBRAÇÕES DEVEM SER SEMELHANTES 165
Secção XIII. EXPLICAÇÃO DOS EFEITOS DA SUCESSÃO
 NOS OBJECTOS VISUAIS 166
Secção XIV. CONSIDERAÇÕES ACERCA DA OPINIÃO
 DO SR. LOCKE EM RELAÇÃO À ESCURIDÃO 168
Secção XV. A ESCURIDÃO É TERRÍVEL POR NATUREZA 169
Secção XVI. POR QUE É A ESCURIDÃO TERRÍVEL 171
Secção XVII. OS EFEITOS DO NEGRUME 172
Secção XVIII. OS EFEITOS DO NEGRUME MODERADO 174
Secção XIX. A CAUSA FÍSICA DO AMOR 175
Secção XX. POR QUE É A LISURA BELA 176
Secção XXI. A DOÇURA E A SUA NATUREZA 177
Secção XXII. A DOÇURA É RELAXANTE 179
Secção XXIII. POR QUE É A VARIAÇÃO BELA................ 180
Secção XXIV. SOBRE A PEQUENEZ........................ 182
Secção XXV. SOBRE A COR............................... 185

PARTE V

Secção I. SOBRE AS PALAVRAS............................ 189
Secção II. O EFEITO COMUM DA POESIA
NÃO É SUSCITAR AS IDEIAS DAS COISAS................ 190
Secção III. OS TERMOS GERAIS OCORREM ANTES DAS IDEIAS 192
Secção IV. O EFEITO DAS PALAVRAS....................... 193
Secção V. EXEMPLO DE QUE AS PALAVRAS
PODEM AFECTAR-NOS SEM SUSCITAR IMAGENS......... 194
Secção VI. A POESIA NÃO É RIGOROSAMENTE
UMA ARTE IMITATIVA................................ 200
Secção VII. COMO AS PALAVRAS INFLUENCIAM AS PAIXÕES . 200

TEXTOS FILOSÓFICOS

1. *Crítica da Razão Prática*, Immanuel Kant
2. *Investigação sobre o Entendimento Humano*, David Hume
3. *Crepúsculo dos Ídolos*, Friedrich Nietzsche
4. *Discurso de Metafísica*, Immanuel Kant
5. *Os Progressos da Metafísica*, Immanuel Kant
6. *Regras para a Direcção do Espírito*, René Descartes
7. *Fundamentação da Metafísica dos Costumes*, Immanuel Kant
8. *A Ideia da Fenomenologia*, Edmund Husserl
9. *Discurso do Método*, René Descartes
10. *Ponto de Vista Explicativo da Minha Obra de Escritor*, Sören Kierkegaard
11. *A Filosofia na Idade Trágica dos Gregos*, Friedrich Nietzsche
12. *Carta sobre a Tolerância*, John Locke
13. *Prolegómenos a Toda a Metafísica Futura*, Immanuel Kant
14. *Tratado da Reforma do Entendimento*, Bento de Espinosa
15. *Simbolismo: Seu Significado e Efeito*, Alfred North Withehead
16. *Ensaio sobre os Dados Imediatos da Consciência*, Henri Bergson
17. *Enciclopédia das Ciência Filosóficas em Epítome (Vol. I)*, Georg Wilhelm Friedrich Hegel
18. *A Paz Perpétua e Outros Opúsculos*, Immanuel Kant
19. *Diálogo sobre a Felicidade*, Santo Agostinho
20. *Princípios da Filosofia do Futuro*, Ludwig Feuerbach
21. *Enciclopédia das Ciência Filosóficas em Epítome (Vol. II)*, Georg Wilhelm Friedrich Hegel
22. *Manuscritos Económico-Filosóficos*, Karl Marx
23. *Propedêutica Filosófica*, Georg Wilhelm Friedrich Hegel
24. *O Anticristo*, Friedrich Nietzsche
25. *Discurso sobre a Dignidade do Homem*, Giovanni Pico della Mirandola
26. *Ecce Homo*, Friedrich Nietzsche
27. *O Materialismo Racional*, Gaston Bachelard
28. *Princípios Metafísicos da Ciência da Natureza*, Immanuel Kant
29. *Diálogo de um Filósofo Cristão e de um Filósofo Chinês*, Nicholas Malebranche
30. *O Sistema da Vida Ética*, Georg Wilhelm Friedrich Hegel
31. *Introdução à História da Filosofia*, Georg Wilhelm Friedrich Hegel
32. *As Conferências de Paris*, Edmund Husserl
33. *Teoria das Concepções do Mundo*, Wilhelm Dilthey
34. *A Religião nos Limites da Simples Razão*, Immanuel Kant
35. *Enciclopédia das Ciência Filosóficas em Epítome (Vol. III)*, Georg Wilhelm Friedrich Hegel
36. *Investigações Filosóficas sobre a Essência da Liberdade Humana*, F. W. J. Schelling
37. *O Conflito das Faculdades*, Immanuel Kant
38. *Morte e Sobrevivência*, Max Scheler
39. *A Razão na História*, Georg Wilhelm Friedrich Hegel
40. *O Novo Espírito Científico*, Gaston Bachelard
41. *Sobre a Metafísica do Ser no Tempo*, Henrique de Gand
42. *Princípios de Filosofia*, René Descartes
43. *Tratado do Primeiro Princípio*, João Duns Escoto
44. *Ensaio sobre a Verdadeira Origem, Extensão e Fim do Governo Civil*, John Locke
45. *A Unidade do Intelecto contra os Averroístas*, São Tomás de Aquino
46. *A Guerra e A Queixa da Paz*, Erasmo de Roterdão
47. *Lições sobre a Vocação do Sábio*, Johann Gottlieb Fichte
48. *Dos Deveres (De Officiis)*, Cícero
49. *Da Alma (De Anima)*, Aristóteles
50. *A Evolução Criadora*, Henri Bergson
51. *Psicologia e Compreensão*, Wilhelm Dilthey
52. *Deus e a Filosofia*, Étienne Gilson
53. *Metafísica dos Costumes, Parte I, Princípios Metafísicos da Doutrina do Direito*, Immanuel Kant
54. *Metafísica dos Costumes, Parte II, Princípios Metafísicos da Doutrina da Virtude*, Immanuel Kant
55. *Leis. Vol. I*, Platão
56. *Diálogos sobre a Religião Natural*, David Hume
57. *Sobre a Liberdade*, John Stuart Mill
58. *Dois Tratados do Governo Civil*, John Locke
59. *Nova Atlântida* e *A Grande Instauração*, Francis Bacon
60. *Do Espírito das Leis*, Montesquieu
61. *Observações sobre o sentimento do belo e do sublime* e *Ensaio sobre as doenças mentais*, Immanuel Kant
62. *Sobre a Pedagogia*, Immanuel Kant
63. *Pensamentos Filosóficos*, Denis Diderot
64. *Uma Investigação Filosófica acerca da Origem das nossas Ideias do Sublime e do Belo*, Edmund Burke